KB185294

뉴욕 거리의 한나 아렌트와 랠프 엘리슨

뉴욕 거리의
한나 아렌트와
랠프 엘리슨

차별에 관한 17가지 사유의 실마리

마리 루이제 크노트 지음
서요성 옮김

산지니

730 Riverside Drive

370 Riverside Drive

차 례

일러두기

1. 각주는 모두 옮긴이주다.
2. 역자가 강조하는 부분은 ' '로, 저자가 원문을 인용한 부분은 " "로
   표기하였다.
3. 별도의 언급이 없는 한, 영어 인용문의 독일어 번역은 저자 크노트가
   직접 한 것이다. 저자는 영어책에서 나온 "검둥이"를 "흑인"으로
   번역했고, 독일어책에서 나온 "검둥이"는 그대로 두었다.

프롤로그

1938년 말 뉴욕의 그리니치 빌리지에 처음으로 인종차별이 없는 음악클럽의 문을 연 사람이 있었다. 바로 라트비아 유대인 이민자의 아들 바니 조셉슨(Barney Josephson)이다. 카페 이름은 카페 소사이어티(Café Society). 재즈 팬인 조셉슨은 할렘의 코튼 클럽(Cotton Club)에 갔다가 기겁했다고 훗날 말했다. 할렘은 흑인 거주 지역이고 흑인이 무대에서 노래하는데, 정작 흑인 손님에게는 객석 뒤의 입석만 허용되었던 것이다. 가령 키트 캐트(Kit Kat) 같은 클럽에 흑인은 들어갈 수 없다. 그래서 조셉슨은 모든 피부색을 위한 클럽을 만들었다. 무대 입구, 화장실, 방청객 어디에도 '백인 전용' 표지판이 없는 클럽을.

바니 조셉슨의 부모는 19세기에서 20세기로 넘어가는 시기, 유대인 박해가 자행되던 동유럽에서 미국으로 도망쳤다. 조셉슨의 친구이자 선생님이자 공산주의자이자 작사가인 아벨 미로폴(Abel Meeropol)의 부모도 마찬가지였다. 미로폴은 1937년에 구타당하는 흑인 사진을 보면서 충격을 받았고, 분명 그의 러시아

출신 부모가 괴롭힘을 당했던 이야기를 떠올리면서
유행가 〈이상한 열매(Strange Fruit)〉의 가사와 선율을
만들었을 것이다.

남부의 나무엔 이상한 열매가 열려
잎사귀와 뿌리는 온통 피범벅
남부의 산들바람에 흔들리는 검은 몸뚱이
포플러 나무에 매달린 이상한 열매.

용맹한 남부의 목가적 풍경
튀어나온 눈과 일그러진 입술
달콤하고 상쾌한 목련의 향기
갑자기 풍기는 살덩이 타는 냄새.

여기에 까마귀가 뜯어 먹는 열매가 있네
비를 모으고 바람을 빨아들이며
햇살에 썩어 나무에서 떨어질
여기 이상하고 쌉쌀한 열매가 있네.

이 노래를 듣노라면 폭행의 이미지를 떨쳐낼 수

가 없다. 바니 조셉슨은 강렬한 감동을 느끼며 아벨 미로폴을 여자 가수 빌리 홀리데이(Billy Holiday)에게 소개했다. 홀리데이는 그 노래를 듣고는 바니의 카페는 물론이고 다른 곳에서도 계속 불렀다. 공산주의자이자 유대인이자 노조원이 만든 곡이 흑인 여가수의 재즈로 알려지면서 전 세계로 퍼져 나갔다. 저항에 대한 찬가이자 장송곡이자 오마주로.

오늘날 사람들은 과거 유대인이 미국에서 증오와 차별의 대상이 되어 항상 동양 것들(orientals)이라고 욕을 먹었다는 사실을 종종 잊는다. 흑인과 유대인 사이에도 적대감은 있었다. 브롱크스에서 선생님으로 일하던 아벨 미로폴은 특별한 경우였지만 분명 유일한 예는 아니었다. 반(反)공산주의 매카시 열풍이 정점으로 치닫던 1953년에 수많은 이민자가 발각되지 않으려고 몸을 숨겼다. 미국 적대 행위의 죄를 뒤집어쓰고 추방되지 않으려 했기 때문이다. 소위 냉전 시대에 빌리 홀리데이는 그 대중가요를 부른 대가로 FBI의 올가미에 걸렸고, 미로폴은 에델 로젠버그와 줄리어스 로젠버그의 자식들을 입양했다. 로젠버그 부부는 이른바 공산주의 스파이로 몰려 그 선동의 시절에 처형당했다.

1933년 독일에서 도망쳐 1941년 미국에 도착한 한나 아렌트(Hannah Arendt, 1906~1975)가 공포에 떨면서 로젠버그 부부의 운명을 연구한 일은 유명하다. 아렌트가 일찍이 아벨 미로폴의 대담함에 대해 들었는지는 알 길이 없다. 다만 그가 스스로 유대인으로서 경험한 것과 투쟁을 배경으로 하여 흑인의 상황을 숙고한 점만은 확실하다.

*

　　모든 독서는 일종의 대화이며, 애초에 한나 아렌트의 글도 대화로 구상된 것 같다. 매번 그의 글을 읽을 때마다 독자는 당황스러워한다. 그의 글은 모순투성이고 모순적인 현존(現存)을 예찬하기 때문이다. 그의 글 저변에 깔린 격정적인 '자유' 개념은 냉전 시대에 유행한 자유와 민주주의 정치와 달리 선동이나 실용성의 사유에서 나오지 않았다. 그가 세상과의 공개적인 타협을 견지하면서도 "행복 추구"에 대한 이념을 무조건 주장한 것처럼 자유 이념도 그에게는 맹신에 가깝다. 그는 68학생운동과 같은 반항의 움직임에서

"행위의 결심"과 "자신의 힘으로 사물을 변화시킬 수 있다는 확신"에 깊은 감명을 받았다. 그런 행위의 결심과 변화에 대한 확신이 용기를 준다. 행위야말로 그의 책에서 근본적인 인간 실존의 차원을 해명하는 일이다. 인간이 행위를 경험하지 못하면 존재로 가는 길은 막힌다. 아렌트가 볼 때 행위 없이는 "완전무결한 행복"을 누릴 수 없다. 그렇다면 독자는 궁금할 수 있다. 아렌트가 1973년 마지막으로 쓴 위대한 에세이에서 미국의 "자유의 제도들"을 기리면서도 노예제도의 유산에 대해서 일절 언급하지 않은 이유를 어떻게 설명할 수 있을까? 틀림없이 그도 인종 차별을 당하고 있었기 때문에 미국 사회의 공간 안에 있는 코끼리를 의식하고 있었다. 이 코끼리는 다름 아닌 흑인 및 미국 원주민의 피와 땀과 노래와 눈물로 만든 미국의 꿈이었다. 그는 왜 그에 대해 쓰지 않았는가?

우리의 (서양식) 확신은 하나의 구조가 되어 현대로 전이되었다. 위대한 고전은 새롭게 읽히고 비판받는데, 그중에 한나 아렌트의 글도 있다. 오래전부터 아렌트의 "반(反) 흑인 인종주의", 그의 유럽 중심주의, 그의 "서양인의 오만", 그의 "백인의 무식함"에 대한 논문과 연구서들이 있었다(책 말미의 주 참고). 실제로 한나 아렌트는 유대인 출신의 유럽 사상가이다. 출신 배경은 우리 각자에게 영향을 미친다. 하지만 이념을 교환할 때 중요한 것은 소속이 아니라 상호 경청과 개인이 지속적으로 미치는 사유의 파급력이다. 한나 아렌트에 가해진 인종주의 비난의 중심에는 『전체주의의 기원(The Origins of Totalitarianism)』의 한 장 이외에도 특히 에세이 「리틀록 사건을 돌아보며(Reflections on Little Rock)」*가 있다. 그는 이 에세이에서 1959년

* 아렌트의 에세이 「리틀록 사건을 돌아보며」(1959)는 이 저술에서 계속 인용되고 있는 핵심적인 작품이다. 1957년 미국 남부 아칸소주의 주도 리틀록에서 백인과 흑인의 소요가 있었다. 원인은 학교의 인종 차별이 헌법에 위배되며, 백인 학교는 흑인 아이에게 교문을 개방해야 한다는 연방대법원의 판결이 내려졌기 때문이다. 그러자 남부에서는 백인들이 극렬하게 저항했다. 주지사는 흑인 아이가 고등학교에 들어서는 것을 막기 위해 주방위군을 투입했고, 이에 아이젠하워 대통령은 연방대법원의 결정을 근거로 연방군을 리틀록에 파견했다. 당시 잡지 『코멘터리』는 아렌트에게 리틀록의 사건에 대해 원고를 청탁했다. 아렌트는 1957년 말에 「리틀록 사건을 돌아보며」라는 에세이를 보냈다. 편집진이 처음에 게재를 주저하다가 결국 어느 교수의 비판적인 입장을 곁들여 함께 싣기로 결정하자, 아렌트는 투고 자체를 취소했다. 1959년 가을에 잡지 『디센트』는 「리틀록 사건을 돌아보며」를 게재했지만, 그에 대한 세간의 혹평은 거셌다.

미국 학교에 법적으로 강제된 인종 차별의 폐기를 반 대했다.

*

본 저술은 최근 발견된 한나 아렌트가 (흑인)작가 랠프 월도 엘리슨(Ralph Waldo Ellison, 1914~1994)에게 보낸 한 통의 편지에서 출발한다. 편지를 보낸 날짜는 1965년 7월 29일, 인권 운동이 정점에 도달했다가 수 그러들던 때인 1965년 8월의 선거권법 제정 직전이다. 편지는 우리에게 몇 가지를 질문한다.

친애하는 엘리슨 씨, 저는 로버트 펜 워렌의 책『누가 검둥이를 대변하는가(Who Speaks for the Negro)』 를 읽으면서 매우 흥미로운 당신의 인터뷰에 주목했 어요. 제가 예전에 쓴「리틀록 사건을 돌아보며」에 대한 당신의 소견을 읽었어요. 당신이 전적으로 옳아 요. 저는 진정 당신이 말한 '희생의 이상'을 정확히 이 해하지 못한 거죠. 저의 성찰은 강제로 통합된 학교 에 다니는 흑인 아이들의 상황에서 시작하고 있는데,

July 29, 1965

Dear Mr. Ellison:

While reading Robert Penn Warren's Who
Speaks for the Negro I came across the very
interesting interview with you and also read
your remarks on my old reflections on Little
Rock. You are entirely right: it is precisely
this "ideal of sacrifice" which I didn't under-
stand; and since my starting point was a
consideration of the situation of Negro kids
in forcibly integrated schools, this failure
to understand caused me indeed to go into an
entirely wrong direction. I received, of course,
a great many criticisms about this article from
the side of my "liberal" friends or rather non-
friends which, I must confess, didn't bother me.
But I knew that I was somehow wrong and thought
that I hadn't grasped the element of stark violence,
of elementary, bodily fear in the situation. But
your remarks seem to me so entirely right, that
I now see that I simply didn't understand the
complexities in the situation.

With kind regards,

Sincerely yours,

14

이런 무식함이 저를 완전히 잘못된 방향으로 이끌었더군요. 물론 저는 당시 자유주의 사상을 지닌 친구들, 혹시 고백해도 된다면 더는 사귀고 싶지 않은 지인들의 꽤 많은 비판을 감수해야 했어요. 어쨌든 저는 제 잘못을 인정합니다. 무자비한 폭행, 신체의 본능적인 불안을 이해하지 못했다는 기분이 들어요. 너무나도 정확한 당신의 소견 덕분에 제가 상황의 복잡다단함을 이해하지 못했음을 깨달았어요.

진심을 담아서, (한나 아렌트)

이 편지는 우리에게 에세이 「리틀록 사건을 돌아보며」에 담긴 아렌트의 생각이 전반적인 입장 변화를 했을 것으로 기대하게 한다. 그런데 도대체 무엇이 바뀌었는가? 그녀가 엘리슨에게 쓴 것처럼 1950년대 말 에세이를 작성하면서 이해하지 못했던 '무자비한 폭행'과 '신체의 본능적인 불안'은 무엇인가? 그녀는 1965년 지금, 그때와 무엇이 달라졌는가? 뜨거운 정치적 이슈, 즉 흑인 해방에 대한 대결을 담은 이 20줄의 짧은 편지는 한나 아렌트의 유고(遺稿) 「엘리슨(Ellison)」에 타자기로 친 원본의 복사물로 보존되어 있다. 보낸 사람의 이름에는 밑줄이 그어져 있는데, 아마도 받아쓰기를 한 뒤에 아주 얇은 종이를 잘 접기 위해서 그렇게 한 것 같다.

에세이는 소풍이다. 우리는 에세이를 쓰면서 기존의 사유 방식으로부터 떠난다. 대신 개연성 있는 새로운 오솔길, 새로운 전망, 새로운 해법을 찾아 나선다. 이 몇 줄도 되지 않은 편지가 우리에게 오늘날의 여러 질문에 새로운 해법을 제시할 수 있는 희망이라면 과연 이것은 우리를 어디로 데려가는가? 편지를 썼던 당시 한나 아렌트는 리버사이드 드라이브(Riverside Drive) 370번지에, 랠프 엘리슨은 동일한 거리지만 멀리 떨어진, 숫자만 다른 730번지에 살았다. 아렌트는 어퍼 웨스트사이드(Upper Westside)의 유대인 이민자 지역에, 엘리슨은 할렘 르네상스의 예전 중심지 슈거힐(Sugar Hill) 근처에 살았다. 그들 사이에는 어떤 세상이 있었는가? 아렌트가 엘리슨의 주소를 알고 있었는지, 아렌트가 편지를 그 주소로 보내려 했는지, 편지가 작가 엘리슨에게 전달되었는지 알 길이 없다. 한나 아렌트의 유고와 함께 워싱턴의 의회 도서관에 소장된 엘리슨의 유고에도 편지 원문은 없고, 답장 초안도 남아 있지 않다. 이 유대인과 흑인의 만남 혹은 나중에 성사될 수 있었던 만남의 순간에 대해 오로지 이 수수께끼 같은 종이만 존재하는 것이다. 왜 한나 아렌트는 편지를 썼는가? 왜 그녀는 그리 무뚝뚝했는가? 아니 더 많은 의문이 든다. 이 종이는 엘리슨의 "희생의 이상"과 무슨 관련이 있는가? 자유로운 행위를 주장하는 그 여성 이론가가 갑작스럽게 '희생의 이상'에 가치를 두게 된 것일까? 엘리슨의 인터뷰에서 아렌트는 다음을 읽어냈다.

우리는 오래전부터 미국을 다시 선언된 이상과 일치하도록 하는 것이 임무라고 이해해 왔어요. 그래서 우리는 이중의 의무, 첫째 우리 자신에 대한 의무, 둘째 국가에 대한 의무에 따라 행동해요.

분명히 엘리슨의 인터뷰에는 아렌트가 직접 호소한 것과 겹치는 점이 있었다. 아마도 엘리슨이 흑인으로서 느끼는 진정한 기쁨, 혹은 미국의 인종적 다양성에 대한 그 자신의 고백과 관련하는 것 같다. "저는 다양성을 믿고 있기에 모든 사람이 같아야 한다고 하

면 그것은 진정한 미국의 죽음이라고 생각해요." 아마
도 인터뷰를 읽은 후 아렌트는 서로 다른 입장, 경험,
피부색, 삶의 방식을 넘어 그와의 사이에 영혼의 연결
끈이 놓여 있음을 예감했을 것이다. 육지와 대양을 연
결하는 허드슨강을 바라보면서 공유하는 조망과 같은
연결. 서로 상반되는 조건이긴 하지만 예전에 이 대양
을 건너서 흑인과 유대인 두 민족이 이 땅에 입성했다.
일부는 사슬을 찼고, 다른 일부는 도망자로 들어왔다.

*

이 에세이를 이해하기에 앞서 논란의 여지가
있는 사연이 있다. 1980년대 초반 나는[*] 로트부흐
(Rotbuch) 집단 운영 출판사의 편집인으로 한나 아렌
트의 에세이 「독일 방문(Besuch in Deutschland)」을 읽
었다. 한나 아렌트는 탈출과 추방을 겪고 난 1949년
에 처음으로 미국을 떠나 몇 달 동안 예전의 고향으로
돌아왔다. 1950년 미국의 어느 잡지에 실린 「보고문

---

[*] 이 책의 저자 크노트를 말한다.

(Bericht)」에서 그는 예리하고 적절하게, 신랄함과 유머를 얹어서 당대의 분위기를 기록했다. 전후 서독의 현실에 대한 희망과 속삭임, 침묵과 거짓에 대해서. 이 나라에서는 의견이 사실로, 사실이 의견으로 간주되고 있다는 그의 진단에는 통찰력이 번뜩였고, 내가 성장하면서 휩쓸렸던 근거 없는 몇 가지 잡담에 대해 해명해 주었다.

당시 아렌트는 무엇보다도 이론서로 유명세를 타고 있었으며, 나는 「보고문」을 읽고 고무되어 더 많은 그의 "시대 문제에 대한 개입"을 알기 위해 미국 잡지들을 연구하기 시작했다. 내가 발견한 것은 놀라웠다. 거의 무명에 가까웠지만 논쟁적이고 번뜩이는 여성 평론가. 그래서 나는 에세이 「리틀록 사건을 돌아보며」를 포함한 한 권짜리 문집을 구상했다. 로트부흐 집단 운영 출판사는 원론적으로 출판을 지지했지만, 출판인 대다수는 N 단어의 사용과 차별의 사회적 차원, 즉 논증 과정에서 제도적 인종 차별을 의도적으로 무시한 아렌트의 정치 개념 때문에 「리틀록 사건을 돌아보며」의 출판만은 거부했다. 스스로 차별과 박해를 경험하고 나치가 자행한 죽음의 정책에서 간신히 탈출한 사람이 흑인을 후원하는 법안에 반대하고 있다는 사실이 나를 혼란스럽게 했다. 하지만 나는 이 글의 출판을 강력히 주장했다. 그것은 나에게 우리의 세계관에 포함되지 않은 측면을 전달하고 있기 때문이었다. 아렌트는 모호했다. 고집스럽게도 권리의 보장을 우선했기 때문이다.

숱한 논쟁이 끝나고 나서야 비로소 문집은 출간되었다. 2020년 초에 나는 아렌트가 랠프 월도 엘리슨에게 보낸 수수께끼 같은 편지를 발견했다. 나의 이력과 최근의 아렌트 비난에 대한 호기심 때문에 나는 당시의 논란을 오늘날의 지식과 감수성을 배경으로 새롭게 검토하는 것을 과제로 삼았다. 당시의 주제는 지금도 시의적절하다고 생각한다. 차별, (흑인의) 투명함, 시민 불복종에 대한 권리. 오늘날 홀로코스트의 유일무이함에 대한 논쟁은 미국 노예 정부의 "유일성"에 대한 담론을 연상시킨다. 그러한 시사성은 그렇다고 여기서 논의 중인 문제를 더 쉽게 만들지 않는다. 하지만 시사적인 문제를 숙고하는 것은 역사적인 차원을 함께 고려하지 않고서는 가능하지 않다.

*

한 가지 고려할 측면이 더 있다. 우리는 좁은 우리만의 언어, 은유, 개념들을 초월해서, 그러니까 다른시대와 다른 언어 및 표현 방식에서 오는 빛을 우리의 불충분한 현재로 비추기 위해서 지나간 시대와 특히 외국 문화의 사상가와 시인들을 읽는다. 그러나 시대가 격변할 때마다 전망은 바뀐다. 한나 아렌트는 이전까지 내가 알지 못했던 편지에서 몇 년 전에 취했던입장을 분명히 수정했다. 나는 어떤 역경과 대화와 독서가 이 정치 사상가에게 이전의 정치적 입장에서 벗어나도록 영감을 주었는지 궁금했다. 정확히 어떤 정치적 입장에서 벗어났는가? 그러면 인권 운동은 여기에 어떠한 지분을 갖고 있는가? 내가 계속 질문한다면, 그 편지는 단지 오류에 대한 자백 이상이 될 수 있을까? 아마도 새로운 사상적 출발을 위한 이정표였을수 있다. 나치의 반유대주의가 1930년대 초반 한나 아렌트를 정치에 관여하는 철학자로 내몰았다. 유대인이라는 소속감, 즉 그때까지 그에게 자연스럽게 주어졌던 소여(所與)는 하나의 정치적 쟁점이 되었다. 계속해서 그는 유대인으로서 세계와 관계를 맺었다. 박해받은 자이자 난민인 그는 왜 팔레스타인의 정치적 이익에만 몰두하고 전후 독일의 이익에는 전념하지 않았는지 설명하기 위해 1947년 "형편없는" 두 나라는 한 사람에게 너무 과한 것이라고 말했다. 그러나 그가 그 편지를 썼던 1960년대 미국은 오래전부터 그에게 "형편없는" 나라였다. 그의 비판은 정치의 부패, 위선, 권력의 악용으로 향해 있었다. 그는 민주주의와 공화국의 지속적인 존속을 근심하면서도 정치 공간의 영속적인 혁명을 찾았다. 이 편지에 정치 이야기는 일절 없다. 하지만 본 연구를 통해 이 편지가 정치에 대한 상념에 기초하고 있음을 알 수 있을 것이다.

1. 우리 유대인

공포스러운 꿈. 19세기 초 어느 때. 세 명의 여인이 번
잡한 속세를 벗어나 세상의 가장자리 어딘가, 침상에
누워 있다. 그들은 아마도 고통에서 해방되기 위해 고
통에 대한 생각을 나누기 시작했을 것이다. 한 여인이
"병이 드는 게 뭔지 아니?"라고 묻자, 모두가 "응, 알
아"라고 말하면서 고통에 찬 소리를 질러댄다. 그러자
병이 그들에게서 사라진다. 다른 여자가 "상사병을 아
니?"라고 묻자, 앞의 일이 되풀이되고 상사병도 사라진
다. 함께 살지만 나누어진 세상, 불의, 살해된 청소년,
관련한 다른 사건이 뒤따른다. 그러자 꿈을 꾸던 여인
이 묻는다. "너희 알고 있니, 부끄러움이라는 거?" 그러
자 다른 여인들은 그 여인이 기대했던 "응"이라는 동의
대신에 "기겁하여" 등을 돌린다.

　　꿈을 꾼 여인은 다름 아닌 유대인 라헬 파른하
겐 폰 엔제[*]이다. 꿈에서 고통을 겪는 동반자들은 절

---

[*] 본명은 Rahel Varnhagen von Ense(1771~1833). 독일의 유대인
여성 작가이자 당시 대표적인 살롱의 호스트. 낭만주의와 계몽주의

친한 여자친구 베티네 브렌타노, 그리고 외모가 "성모(聖母)"를 연상시키는 "슐라이어마허 부인", 즉 브렌타노와 친한 프리드리히 슐라이어마허 부인이다. 그들은 모두 "부끄러운 출생"을 대체할 수 없다는 걸 정확히 알고 있다. 기독교를 믿는 두 친구는 꿈에서라도 태생부터 유대인인 라헬로부터 가능한 거리를 둔다. 라헬이 "나는 아무 일도 한 것이 없어"라고 말했지만, 그 말은 이해되지 못한 채로 점점 잦아든다. "심장을 녹일 것 같은" 장면. 자아와 무의식 사이의 대화.

라헬 파른하겐의 출생 이름은 라헬 레빈이었다. 세례를 받아 라헬 로베르트, 결혼하여 라헬 파른하겐 폰 엔제가 되었다. 그는 "자신에게서" 유대인을 "뿌리째 뽑고" 싶었고 자신을 바꾸면 불행했던 출생을 "없었던 일로" 할 수 있을 거라고 믿었다. 그는 오빠에게 보낸 편지에서 자신은 한순간도 그 부끄러움을 잊지 못한다고 썼다. "나는 물을 마실 때마다 부끄러움을

를 지지했고 유대인 해방과 여성 해방에 관심이 많았다. 아렌트는 1930년 전후로 파른하겐의 편지를 보면서 유대인의 정체성에 공감했다.

마셔요, 포도주를 마실 때마다 부끄러움을 마셔요, 숨을 쉴 때마다 부끄러움을 마셔요…" 임종 당시에도 라헬은 말했다고 한다. "어찌 이런 수난사가 있단 말인가! 이집트와 팔레스타인에서 피신해 여기 온 나는 여러분의 도움과 사랑과 배려를 구했는데! (…) 내 인생에서 유대인으로 태어난 것이 얼마나 오랫동안 가장 큰 수치와 가장 치욕스러운 고통과 불행이었는지. 하지만 무슨 대가를 치르더라도 나는 유대인으로 태어난 사실을 포기하고 싶지는 않아." 수치인가 아닌가. 일평생 주변인으로 살았던 라헬의 정체성이 역설적으로 그에겐 생명의 영약(靈藥)이 되기도 했다. 그럼에도 불구하고 오늘날 베를린에 있는 그의 묘비에는 비문 '라헬 프리데리케 파른하겐 폰 엔제, 출생 이름은 로베르트'가 새겨져 있다. 마치 그에게는 한 번도 유대인이 존재하지 않았던 것처럼.

　　한나 아렌트가 1930년경에 진행한 라헬 파른하겐 폰 엔제의 편지, 일기, 꿈에 대한 기록물 연구에는 고심한 흔적이 역력했으며 그것은 아렌트에게 구원의 작업이었음에 틀림없다. 그 유명한 살롱계의 호스트는 쓸데없을 정도로 장기간 (성공적인) 독일-유대인 대화의 주인공으로 해석되었다. 아렌트는 처음으로 라헬의 고독을 읽어냈다. 그 낭만주의자의 운명에서 아렌트는 특히 위협적으로 커지고 있는 반유대주의로 인해 정치적 이슈가 된 유대인 문제와 자신의 관계를 연구했다. 그때부터 여러 해에 걸쳐 아렌트는 정치적으로 완전히 "유대인 문제에서" 출발하고 있으며, 파른하겐은 아렌트가 쓴 것처럼 "유감스럽게도 이미 죽은 지 100년이 된" 가장 진실한 친구가 되었다. 라헬이 책에서 밝혔듯이, 만인은 출신이나 사회적 신분과 관계없이 "인간들 틈에 인간으로 살기 위해서는" "당연히 개인이어야 한다"는 계몽주의의 약속, 이 약속은 실생활에서는 지켜지지 않았다. 아렌트에 따르면 인간으로 존재하는 일은 사소해 보여도 실제로는 가장 위대한 과제이며 "한 개인의 힘을 넘어섰다." 아렌트는 하인리히 하이네(Heinrich Heine)를 인용하면서 현실적인 자유에 대한 희망은 오로지 모든 유대인에게 보장된 법적 지위에 있다고 보았다. 현실적으로 모든 유대인의 해방은 동등한 권리와 시민적 평등이 함께해야 함을 의미한다.

(관용이나 무관용에 의존하는 사회적 인정과는 달리) 법의 중요함에 대한 이러한 초기의 성찰은 이미 언급

된 논란의 여지가 있는 아렌트의 에세이 「리틀록 사건을 돌아보며」를 탄생시키는 데 결정적인 기여를 한 것 같다.

라헬이 남긴 기록물과 아렌트의 『라헬 파른하겐. 낭만주의 시대 어느 독일 유대 여인의 인생(Rahel Varnhagen. Lebensgeschichte einer deutschen Jüdin aus der Romantik)』을 통해, 끊임없이 열등한 존재로 여겨지고 그 결과 열등하다고 생각하고 느끼는 것이 인간에게 어떤 영향을 미치는지 오늘날에도 연구를 이어갈 수 있다. 라헬의 편지와 일기는 "적나라한 유대인 문제", 즉 그 "비열한" 기원을 은폐하기 위해 그가 얼마나 애를 쓰고 왜곡했는지를 증언한다. 그의 편지와 일기는 모욕과 퇴짜 맞은 경험에 대해 이야기한다.

많은 흑인 인권 운동가의 증언도 비록 매우 다른 방식이긴 하지만 "잘못된" 출생의 운명을 다루고 있다. 왜 그리고 어떻게 흑인들이 스스로를 증오하는 데 백인들이 기여할 수 있었는지에 대해 예전에 흑인 인권 운동가 말콤 엑스(Malcolm X)가 물은 적이 있다. 그는 위에 언급된 아렌트의 편지가 작성된 1965년에 살해되었다. 말콤 엑스뿐만 아니라 랠프 엘리슨도 흑인이라는 잘못된 수치심을 재차 기술하면서 자신의 열등감에 반항했다. "한 민족이 300년 동안 오로지 반작용(反作用)만으로 발전할 수 있는가? 미국의 흑인은 백인의 머리에서 나온 발명품에 불과한 것인가? 아니면 미국의 흑인은 백인이 발견한 것에서 조금이라도 자신을 창조하지 않았나?" 엘리슨의 시선으로 보면 "흑"과 "백"을 일률적으로 말하는 일은 행위를 구속했다. 모든 사람은 "흑인"의 고통의 역사에 대해 실제로 얼마나 다른지를 보지도 않고 말하곤 했다.("그토록 수많은 사람이 우리 흑인의 삶을 해석하면서도 실제로 우리가 얼마나 다른지 이해하려 노력하지 않는 것은 어찌 된 일인가?")

반복해서 아렌트가 비판한 점은 유대인의 역사를 연구하면서 유대인의 고난사에 대한 관점과 판단은 고착되어 있다는 데에 있다. 아무리 잔혹한 박해와 대학살이 있어도 유대인은 자신의 이미지가 수치심과 치욕의 바탕 위에서 세워지는 것을 허용하지 않았고, 그렇다고 자신이 겪은 고난에 대한 기억이 정치를 결정하는 것도 받아들이지 않았다. 아렌트의 눈에 비친 유대인은 자신의 고난을 배경으로 타인의 고통을 무시하고 평가 절하하며 지나치게 침묵을 지킨다. 유대인은 별나야 하고, 남 탓에서 해방되어야 하며, 스스로를 행위자로 생각해야 한다. 수치심을 자부심으로 바꾸어야 한다. 유대인은 (모든 사람과 마찬가지로) "제일 자신다운 말을 세계사"(마르틴 부버Martin Buber)에 속삭여야 한다. 이런 맥락에서 아렌트는 게르숌 숄렘(Gershom Scholem)의 신비주의를 자유로운 유대인 행위의 일부로 연구했다.

지난 세기의 유대인 역사가들은 알았는지 몰랐는지 디아스포라 역사의 기조에 어울리지 않는 유대 역사의 모든 사실을 무시하는 경향이 있었다. 이에 따르면 유대인은 (…) 끊임없이 적대적이고 때로는 폭력적인 환경의 희생자였다.

여러 세기에 걸쳐 유대인은 디아스포라 민족으로

서 어디에서나 파리아*였고 차별과 박해, 살해의 희생
자였다. 그러나 아렌트에 따르면 역사의 다른 측면들,
즉 유럽의 역사를 연구하고 기록했지만 "폐허 속의 계
승물"과 "은폐된 전통"은 여전히 있었다. 하인리히 하
이네, 베르나르 라자르, 프란츠 카프카처럼 자신만의
방식으로 열등한 존재의 수치심을 자부심으로 바꾸어
자유를 얻기 위해 고투한 사람들이 있었다.

---

* 파리아(Paria)는 동화되지 못한 유대인으로서, 국외자로 남는다.
반면 파브뉴(Parvenu)는 비유대사회에 동화된 유대인을 말한다. 두
개념 모두 유대인의 운명을 설명하는 저널리스트 베르나르 라자르
(Bernard Lazare)의 조어이다. 아렌트는 라헬 파른하겐 폰 엔제의
입장을 분석하기 위해 두 개념을 도입한다.

2. 발언권 사용

편지는 꿈처럼 계속되는 대화이며, 아렌트는 항상 산 자와 죽은 자, 시인 및 사상가와 대화하며 자신의 글을 통해 의견을 제시한다. 엘리슨에게 보낸 편지도 그런 대화를 시작하기 위해서였을까?

아렌트는 강의가 없는 1965년 6월의 초여름을 평소처럼 허드슨 밸리에서 보냈다. 그곳에서 그는 학 기 중에 제대로 할 수 없던 일을 했다. 책을 읽고, 글 을 쓰고, 종종 장문의 편지를, 때로는 하루에 여러 통 의 편지를 썼다. 또한 그곳에서 편지에 언급된 책 『누 가 검둥이를 대변하는가』를 읽었음에 틀림없다. 아렌 트는 워렌이 흑인 작가와 인권 운동가와 진행한 대담 집을 읽으면서 1957년에 작성하고 1959년 초에 발표 하려 한 「리틀록 사건을 돌아보며」에 대한 엘리슨의 비판과 맞닥뜨렸다. 아렌트는 책을 읽고 난 뒤에 대화 를 해보려 했는데, 책의 편집자 로버트 펜 워렌(Robert Penn Warren)과는 아니었다. 워렌은 시인이자 작가이 며, 아렌트의 친구이자 시인인 랜달 자렐(Randall Jarrell) 의 막역한 친구이기도 했다. 아렌트는 이미 워렌이 저술한 한두 권의 책을 소장하고 있었다. 아렌트는 직접 엘리슨에게 편지를 보냈다. 아렌트는 한가한 여름에 상세한 답변을 쓰는 대신 도시로 돌아온 후인 1965년 7월 29일 여비서에게 앞서 언급된 20줄을 서둘러 받아쓰도록 했다. 이미 아렌트는 이틀 뒤인 8월 1일에 시작될 긴 유럽 여정 준비로 분주했다. 랠프 엘리슨이 인터뷰에서 한 말은 아렌트에게 생각할 거리를 주었다. 아렌트가 자신과 그에게 빚진 것이 있음을 깨달았고 실제로 에세이 「리틀록 사건을 돌아보며」에서 핵심 질문을 간과했다는 것을 인지했기 때문에 편지를 썼다는 것은 공공연한 사실이다. 하지만 무엇을 썼는가?

책을 기획한 로버트 펜 워렌은 남부 백인이었다. 그의 소설은 유대인들로 가득 찼고, 유대인 문제에 대한 그의 참여는 그가 1989년 시온주의 잡지 『쇼파르(Shofar)』의 부고에서 "의적 이방인", 말하자면 정의로운 고이(Goj)라는 칭호를 얻도록 했다. 한때 워렌은 반은 진지하게, 반은 농담조로 미국 유대인의 상황을 남부인의 상황과 비교했다. 왜냐하면 그가 체험한 것처럼 유대인과 남부 흑인 어느 쪽도 완전히 어딘가에 속하지 않았기 때문이다. 워렌은 논문「주변인의 내면성」에서 주변인에게 소속감은 무엇인지에 대해 말했다.

워렌은 1964년 인터뷰에서 또 다른 (박해받는) 소수자인 흑인에게 발언권을 주었다. 흑인의 내면에 대한 통찰이 담긴 이 책은 명시적으로 흑인 혁명에 대한 정보를 제공하기 위한 것이 아니라 그 운동이 무엇인지를 알아내려는 시도의 결과물이었다. 워렌은 지역이든 전국이든, 무명이든 유명이든 가리지 않고 작가와 인권 운동가를 찾아가 인터뷰를 했다. 그는 사람들의 말을 기록하면서 그 대화를 전기적인 정보, 자신의 목격담, 주관적인 해설로 구성했다. 그의 질문은 매우 박식하면서 극도로 직설적이었다. 그는 모든 동정의 제스처를 자제했는데, 그런 태도는 인터뷰 대상자를 어느 정도 솔직한 분위기로 이끌었다. 그래서 그는 여기 책에 언급되거나 부분 인쇄된 인터뷰를 진행하면서 엘리슨에게 많은 남부인이 여전히 인종적 충성심의 포로인 것처럼 많은 흑인 또한 정신적으로 인종 문제의 포로는 아닌지 물었다. 그러자 엘리슨은 그러한 흑인의 "포로가 되어버린 정신"을 진솔하게 인정하면서도 사람들은 종종 흑인의 삶을 일반적인 사회학적 용어로

이해하려는 노력에 너무 강하게 몰두하여 그로 인해
발생하는 범주의 한계에 한 번도 의문을 제기하지 않
는다고 부연했다.

워렌은 대화 중에 기본적인 질문 세 가지를 제
시한다. 첫째, 남북전쟁이 끝난 후 새로운 시작을 위
해 만일 남부의 노예 소유자와 농부가 노예제도 폐지
에 대한 동의를 쉽게 하도록 보상을 받았다면 미국 내
부에 더 많은 평화가 있었을지에 대한 의견이었다. 몇
몇 정치 평론가는 남부인이 패배를 경험하기보다 보상
을 받았다면 굴욕감을 덜 느꼈을 테고, 따라서 노예를
한결 가벼운 마음으로 풀어줄 수 있었을 것이라는 추
정을 반복해서 피력했다(워렌은 노예가 겪은 불의에 대
한 보상이나 원상회복에 대해 어느 대목에서도 언급한 적
이 없다). 그의 두 번째 질문은 흑인의 자기 이해 문제
로 직행했다. 일부가 주장하는 것처럼 모든 흑인 미국
인에게는 두 영혼, 즉 항상 백인의 시선과 기대를 염두
에 두고 스스로를 인지하는 이중의식이 있는가? 만약
그렇다면, 의심스러운 경우에 흑인 미국인의 충성심은
누구에게로 향하는가?

그러나 결정적인 질문도 빠트리지 않았다. 워렌
은 도발적으로 물었다. 어떻게 흑인은 매일 경험했고
경험하는 온갖 불의, 억압, 굴욕 앞에서 비통해하고 화
를 내지 않을 수 있었는가? 훨씬 적절한 반응은 복수
가 아니었을까? 국가의, 경찰의, (백인의) 폭행에 맞서
고집스럽게 비폭력으로 자신을 묶어두는 것은 영혼이
감당하기 어려운 도전이 아니었을까?

　　워렌은 열려 있는 정신으로 대화 상대방의 열려
있는 정신을 이끌어냈다. 그는 상대방에게 발언권을
주었고, 상대방은 발언권을 얻었다. 아마도 아렌트는
다음의 이유로 랠프 엘리슨에게 편지를 썼을 것이다.
모든 인간은 피억압자에 소속되었음에도 불구하고 언
제나 자신에게 주어진 삶의 주인이며 자신의 발언권을
행사해야 하고, 또 해야 한다는 엘리슨의 소견에 감사
했기 때문이었다.

3. 겨울잠

도서관은 그 자체가 하나의 세상이다. 그러나 전통적인 도서관이 어느 만큼 작가의 우주를 실제로 대신하는지는 확실하지 않다. 유감스럽게도 아렌트 도서관에 보존되어 있는 워렌의 책『누가 검둥이를 대변하는가』는 위의 편지에 대한 이해를 풍부하게 할 수 있는 어떤 독서의 흔적도 담고 있지 않다.

아렌트는 미국 소설을 좋아했는데, 그의 여비서 로테 쾰러가 말했듯이, 특히 소설을 통해 새로운 동족의 인성에 대한 통찰력을 얻을 수 있기 때문이었다. 그러나 아렌트 도서관에서 랠프 월도 엘리슨의 책이 한 권도 없다는 것은 나*를 놀라게 했다. 엘리슨은 1914년 미국 남부의 "경계 주" 오클라호마에서 태어났으니 한나 아렌트보다 여덟 살 어렸다. 군인이자 독서광이었던 그의 아버지는 위대한 계몽주의자 랠프 월도 에머슨(Ralph Waldo Emerson)의 이름을 따서 아들의 이름을 짓기로 결심했다. 랠프가 세 살이었을 때 아버지는

---

* 이 책의 저자 크노트를 말한다.

사망했다. 그러니까 아버지는 아들의 이름을 지으면서 기도했던 일이 정말로 실현되는 것을 보지 못했다.

오클라호마는 18세기 초 처음으로 미국 정부가 원주민들을 이주시켰던 준주(准州)였고 엘리슨이 태어났을 당시 미국의 주가 된 지 7년밖에 되지 않았기 때문에 직접적인 노예제도의 역사는 없었다. 그래서 그곳의 인종 차별은 남부 주에 비해 엄격하지는 않았다. 그곳에 사는 흑인 중 상당수는 탈출했거나 해방된 노예였다. 인간을 인간이 아닌 물건, 더 정확하게 "움직이는 재산"(소지품)으로 본다는 것이 무엇을 의미하는지에 대한 기억은 엘리슨의 오클라호마에, 특히 이주민의 이야기와 기억 속에 여전히 살아 있었다. 유년기에 그는 숲을 돌아다니며 새를 관찰했다고 한다. 그는 가족의 생계에 보탬이 되기 위해 신문 배달원, 공병 수집원, 그리고 커서는 웨이터로도 일했다. 대공황기에 그는 한동안 엄마와 누이의 생활비 마련을 위해 새를 잡기도 했다. 그는 학교 밴드를 지휘했고 제1트럼펫 주자였다. 워렌은 "나는 줄기차게 싸웠어요"라고 엘리슨을 인용했다. "내가 화났을 때 누군가를 죽일 수 있을 정도로 성장하고 강인해질 때까지."

비록 우회적인 방식이지만 엘리슨이 작가가 되는 과정에 영향을 미친 초기 경험 중에는 그가 에세이에서 묘사한 학창 시절의 늦여름이 있다. 오클라호마에서 자유를 찾기 위해 남쪽에서 도망친 그의 몇몇 동급생은 여름의 목화 수확철이 다가오면 일하기 위해 자신과 가족과 아이들이 왔던 곳으로 "사라졌다." 부러워할 운명은 아니었지만 모두가 그것을 알고 있었고, 그래도 꼬마 엘리슨은 어느 정도 동급생을 부러워했다. 그들에게는 돌아올 때마다 놀고, 먹고, 춤추고, 노래한 공동체의 체험이 그득했기 때문이었다. 그들은 검둥이가 구사하는 농담을 가져왔다. 아니, 엘리슨은 "우리의" 농담이라고 말했다. 백인이 흑인에 대해 지껄이는 농담이 아니었다. 그들은 책 어디에도 없는 검둥이 노래와 검둥이 이야기를 가져왔다. 이런 구수한 문화가 그에게 말을 걸었고 그에게는 백인들에게 정향된 흑인 중산층 가치보다 훨씬 진짜인 것처럼 보였다. 블루스와 재즈 말고도 오랫동안 미국 문화에 영향을 미친 고유한 리듬과 신화를 지닌 진정한 흑인 문화가 있었다. 이런 정감 어린 흑인 문화가 그의 유산이었다. 엘리슨이 나중에 읽은 문학(그중에 T. S. 엘리엇, 어니스트 헤밍웨이, 제임스 조이스, 윌리엄 포크너, 앙드레 말로가 있다)과 함께 흑인 문화가 그에게 영감을 주었다.

고등학교를 졸업하고 난 뒤 엘리슨은 처음에 음악을 전공했다. 그의 트럼펫 연주가 대학 입학을 가능하게 했다. 그리고 1936년에는 뉴욕으로 갔다. 그곳에서 그는 연방 작가 프로젝트의 구술 역사 프로그램을 위해 일했다. 이 프로젝트는 일자리가 없는 지식인과 작가를 위해 정부가 주도한 대규모 일자리 조치에서 나왔다. 조라 닐 허스턴(Zora Neale Hurston)이나 스털링 브라운(Sterling Brown)과 유사하게 엘리슨이 프로젝트의 일환으로 예전의 노예들을 인터뷰했는지 여부는 알려져 있지 않지만, 이 조치는 특히 국가의 역사에 대한 상식을 늘리기 위한 계획이었던 것으로 평가된다. 엘리슨은 미국인이 역사에 대해 거의 생각하지 않으며, 만약 딴청을 부려도 그 결과에 직면할 필요가 없다는 상상 속에서 살고 있다고 굳게 확신했다. 아렌트가 전후 독일을 방문하면서 관찰했던 바로 그 현상이다.

1952년 소설 『보이지 않는 인간(Invisible Man)』을 통해 엘리슨은 거의 하룻밤 사이에 유명해졌다. 이 역

(逆)성장소설에서 한 흑인 대학생의 사회적 추락과 세상에 대해 점차 짙어지는 비애감이 묘사되면서 30년대 현실에 대한 아프리카계 미국인의 초상이 전달되었다. 작품은 백인의 비인간성과 백인이 여전히 흑인을 인간이 아닌 것처럼, 아니 흑인은 아예 존재하지 않는 것처럼 투명하게 바라보는 폭력적인 방식을 강하게 고발하고 있었다.

작품 서두에 대학에서 퇴학을 당한 익명의 주인공은 뉴욕을 떠돌면서 정체성을 찾는다. 그는 다양한 일자리를 전전하다가 마침내 사익만을 위해 그를 이용하는 흑인형제단과 한동안 인연을 맺는다. 그는 자신이 도구화되고 있음을 눈치챈다. 모든 만남, 함께하려는 그의 모든 시도는 주인공을 계속해서 고독으로 몰아넣는다. 그가 더는 다른 사람의 기대에 부응하고 싶지 않고 누구에게도 의존하고 싶지 않을 때면, 자신이 누구인지 자문한다.

이야기는 너무나 슬프고, 이야기의 힘은 너무나 묵직하며, 소설의 줄거리를 둘러싸고 있는 프롤로그와 에필로그에서 전개되는 주인공의 내면 독백은 매우 감동적이다. 사회생활을 하다가 지하실로 돌아가 흥분하고 화를 내다가 곧 기대에 부풀어 오르는, 보이지 않는 인간의 독백. 그는 몰래 끌어온 전기로 빛을 내는 전구 1,369개를 설치해서 어둠과 대결했다. 그런 식으로 세상과 멀어진 그는 바깥 생활에 힘쓰는 대신, 내밀한 사생활에서 더 많은 빛과 자유를 만들어간다. 상념은 자유롭다. 비좁은 집에 박혀 있는 그의 귀에 "올가미가 있는 것 같은 느낌 (⋯) 내가 죽었으면 좋았을 텐데"라는 루이 암스트롱의 곡조가 울린다. '보이지 않는', 이 말은 너무나 맞다. 한나 아렌트는 『혁명론(On Revolution)』에서 노예가 살던 암흑은 존 애덤스(John Adams)가 묘사한 가난과 빈곤의 암흑보다 훨씬 깜깜하며 흑인 노예가 가난한 백인 남자보다 훨씬 더 보이지 않는다고 썼다. "흑인 노예는 언제나, 모두에 의해 무시당했다."

　이 소설에서 묘사되는 사건은 극도로 고통스럽고, 주인공이 자신의 운명에 어떻게 맞서 싸우는지를 읽으면서 같이 체험하는 것은 독자로서도 매우 놀라운 일이다. 억압은 현실이었다. 날이면 날마다 흑인이 백인의 폭행으로 죽어갔다. 범인 대부분이 유죄 판결은커녕 기소조차 되지 않았다. 우리는 처벌받지도 않

고 최악의 경우에 법정에서 무죄 판결을 받아 합법화
되는 온갖 불의가 정의의 이념을 근본적으로 훼손하
는 것을 알고 있다. 불의가 용인된다면 권리와 법에 어
떤 권위가 더 있겠는가?

제임스 볼드윈(James Baldwin)이 삶에 대한 기분
의 차이를 요약한 것처럼, 흑인은 매 순간 행운이나 우
연을 통해서만 생존할 수 있다는 사실을 의식하면서
살았다. 매번 똑같이 그들은 아무런 이유 없이 백주 대
로에서 습격당하고, 두들겨 맞고, 살해되었다. 불안과
공포의 분위기에서 어떤 사람이 당한 모든 일은 다른
누군가의 머릿속에서도 항상 일어났다.
　　소설『보이지 않는 인간』에서 주인공은 은신처에
서 "자신의" 동료의 은신처로 암호를 보냈다. 카프카
작품의 등장인물처럼 그 지하실 인간 또한 최소한의
인간적인 실존과 위엄을 관용이나 양보가 아니라 자
신의 권리로서 찾고자 했다. 정말 탈출구만 있고 자유
를 향한 희망은 없는가?
　　엘리슨의 지하실 남자는 (스스로 선택한 것처럼 보
이는) 탈출을 겨울잠(hibernation)이라고 썼다. 그리고

이 단어에는 실제로 여러 뜻이 담겨 있다. 무엇보다도 만연한 무시, 굴욕, 명백한 파괴 의지에 직면하여 적어도 일시적일지라도 생활 모드에서 생존 모드로 전환할 수 있는 아이러니한 착상이 있다. 겨울잠에 드는 사람은 사회생활에서 벗어나 최소한의 생명 유지 기능만으로 한동안 살아남으며 새 원동력이 축적되기를 희망한다. 동시에 잠복 상태, 즉 불친절하고 오싹한 시절의 종말을 기다린다.

엘리슨의 작품에서 겨울잠과 지하실은 보통 사회의 소외에 대한 비유이다. 그 비유는 인권 운동이 정점에 도달하기 전에 구상되었다. 은신처에 칩거하고 있으면 바깥을 지배하는 폭력적인 관계가 영향력을 잃었다. 여기서 주인공은 역사의 용광로 같은 숨결이 지나가길 희망했다. 처음에 빛의 바다는 그의 검은 육신에 사회가 승인하지 않은 실루엣을 주었다. 그래서 그는 바깥세상이 변하거나 언젠가 족쇄를 풀고 버려진 삶을 뒤로하며, 또 자신의 내적인 의존성과 다른 사람이 자신을 점령하는 것 두 가지 모두에 저항할 수 있는 충분한 힘을 갖기를 희망하면서 겨울잠에 들었다. 지금껏 그는 의존에서 벗어날 수 없었기 때문에, 스스로에게 전권을 줄 수 없었기 때문에 "보이지 않았다."
이제 그는 지하실에서 아렌트가 훗날 "완전무결한 행
복"이라고 부른 행위를 실천할 수 있기를 기다렸다.
동시에 모든 행위에 따르는 책임을 두려워했다. 보이
지 않는 존재인 그는 출생 이후로 자신을 완전한 인간
으로 대하려고 하지 않은 신호를 보낸 세상에서 행위
의 결과를 예측할 수 없었다. 그럼 그것을 어떻게 견뎌
낼 수 있는가? 사람에게는 운명은 필요 없고, 오히려
세상에 존재할 권리가 있어야 한다. "나는 속은 백인이
더라도 내 경우에 도움이 되지 않지"라고 암스트롱은
노래했다. 재즈와 소울(soul)로 터져 나온 탄식이 백인
을 포함한 타인의 귀에 이르렀다. 탄식은 일상사가 되
었다.

4. 불안

문학, 그중에서 가장 참담한 문학조차도 우리의 현존을 풍성하게 한다. 문학은 세상의 운명에 가장 솔직한 말을 건넨다. 우리는 책을 읽으면서 아주 다양한 세상살이, 관점, 상념, 감수성을 "방문"하며 세상에 질문을 던지는 사람이 우리만이 아니라는 사실을 알게 된다. 엘리슨은 예술작품에서 "삶이 죽음을 향해 돌진하더라도" 예술작품은 삶을 축복한다고 확신했다. 엘리슨은 에세이에서 자신의 글이 흑인을 편드는 것으로 축소되는 것에 명시적으로 반대했다. 그는 참여하는 작가가 아니라 분노하는 작가였다. 그의 목표는 미국 흑인 휴머니즘의 외연을 탈탈 털어서 미국 문학에 이식하는 것이었다. 그는 영국 왕실 영어에서 기원한 공동의 미국 언어가 다양한 새로운 현실에서 계속 발전해 왔지만, 모국의 기호, 상징, 도덕, 권위에 반대하는 미국 일상의 반항이기도 한 점을 기억한다.

아렌트의 영어에는 평생을 같이한 모국어인 독일어 발음이 스며들어 있었고, 엘리슨은 가장 세련된 하버드 악센트에 "노예의 말소리 데즈(de'z)와 도즈

(do'z)"가 공명(共鳴)하며 심지어 예일 악센트에도 여전히 검둥이의 비탄이 들린다고 강조했다. 계속해서 그는 대다수 흑인이 여전히 노예였을 때, 검둥이 미국인 민속문화의 유동성, 음악성, 리듬, 자유로운 어법, 비유가 이미 문학에 영향을 미쳤다고 주장했다. 그는 특유의 희비극으로 인생에 대처하는 흑인의 능력이야말로 특히 소울의 신비한 매력을 설명하기도 한다고 주장했다.

엘리슨의 소설에서는 남부 주의 소리("나의 민족이 경험한 미국 현실에 부합하는 미국 흑인의 언어로 된 문장 억양과 숙어")가 표현주의적이고 초현실주의적인 요인과 함께 얽혀 있다. 소설이 출간되었을 당시 흑인의 이성주의(modernity)는 아직 걸음마 단계였다. 계몽주의자 랠프 월도 에머슨은 "그러므로 너희 자신의 세상을 건설하라"고 외쳤지만 미국에서는 미완의 약속으로 남았다.

태어날 때부터 인간은 조건에 종속되어 생각하고, 말하고, 행위하면서 스스로 해방하고 미래를 계획할 수 있다. 그러니까 인간은 조건을 고려하면서도 미래를 만들어가기 위해 자신의 계획을 세울 수 있다. 그런데 왜 그런 것이 유독 엘리슨의 주인공에게는 주어지지 않았나? 어떻게 해서 그의 주인공은 이 세상에 노예로 던져졌는가?

소설 속 사건은 허구인데 소설 속 세상은 진짜다. 프롤로그의 주요 장면 중 하나에서 주인공은 황혼 무렵 거리에서 백인 남자와 마주친다. 이때 백인이 놀랐거나 혹은 인종적 동기 때문에 그 흑인을 극도로 모욕하자, 흑인은 분개하여 백인에게 사과를 요구한다. 백인이 거부하자, 자존심이 상한 흑인은 격분하여 그를 마구 때린다. 인간이 자신에 경악하고 자신의 적이 되는 무시무시한 상황. 지하 은신처는 피난처이자 적대적인 외부 세계로부터의 보호 공간일 뿐만 아니라 수치심과 분노로부터 스스로를 지키는 공간이기도 했다. 주인공은 어디에서도, 심지어 자신의 내면에서도 상황이 만드는 폭행으로부터 안전하지 않았다.

소설이나 엘리슨이 말한 것들은 대부분 한나 아렌트의 사유의 단서와 일치했다. 주인공은 외부에서 강요된 낯선 생활 방식의 보다 빠른 동화에 대해 독백조로 비난했는데, 아렌트도 그랬다. 엘리슨은 한순간 자신의 상황을 더는 버틸 수 없었다. 그래도 언젠가는 지하실을 떠나 다시 세상의 빛을 받으며 말하고 세상 속에서 행위하며 그 세상을 함께 만들어가려는 희망 속에서 살아남았는데, 이 점도 아렌트의 생각과 일치했다. 다만 엘리슨은 여전히 탈출구를, 자유로 들어가는 길을 찾지 못했다.

그렇다면 도대체 자유란 무엇인가? 단테를 연상시키는 어느 지옥의 환상 속에서 소설의 주인공은 멀리서 들려오는 신음을 듣는다. 가까이 다가간 주인공은 그 소리가 늙은 흑인 심령술 여가수의 음성임을 깨닫는다. 가수는 자신의 주인이자 강간범을 죽였다고 말한다. 그녀는 얼마나 주인을 증오했을까! 그러나 그녀는 주인이 "선물한" 두 아들을 사랑했기 때문에 세월이 흐르면서 그를 사랑하는 법도 "배웠다." 주인은 변치 않고 그녀에게, 특히 자식에게 자유를 약속했지만 실제로 이 약속을 한 번도 실행에 옮기지 않았다. 그녀는 자신이 겪은 노예 생활이 자식에게도 이어질 것이라는 고통 때문에 "주인을" 독살했다. 어쩌면 자신의 자식이 어린 시절의 증오심 때문에 주인을 죽이고 이런 방식으로 그들의 미래를 완전히 망치는 것을 막기 위해서였을 것이다. 그녀에게 자유를 어떻게 상상하는지 물으니, 다음의 대답이 나왔다.

> 깜빡했어, 내 아들아. 모든 게 엉망이구나. 처음에는 자유가 그건 줄 알았는데 또 다른 것 같기도 해. 머리가 아파. 이제는 머릿속에 있는 것을 어떻게 말하는지 아는 것 외에는 아무것도 아니라고 생각하게 됐어. 자유는 매우 어려운 일이야, 내 아들아. 순식간에 내게 너무 많은 사건이 일어났어. 마치 열병이 난 것처럼. 계획을 옮기려 하면 머리가 어지러워 쓰러지곤 해. 그렇지 않으면, 너희가 눈에 밟혀. 너희는 웃기 시작하다가 백인을 모조리 죽이려고 들거든. 너희는 씁쓸할 거야. 맞아, 너희는 그럴 거야...

두려움, 폭행, 방향 상실, 이런 것들은 인간의 언어를 빼앗고 또 세상을 새롭게 정의해야 할 필요성을 박탈한다. 겨울잠이 노골적인 행위의 은밀한 준비라는 지하실 인간의 신조에서, 그리고 무엇보다도 "내가 누구인지 알면 자유로워질 것이라는" 두 번째 신조에서 과연 무엇이 남는가?

엘리슨과 아렌트에게 자유란 인간의 행위가 역사의 흐름을 바꾸고 과거의 부담을 덜어줄 수 있는 원동력이다. 아렌트의 책 『인간의 조건(Vita activa)』에는 이렇게 적혀 있다. "말하고 행위하면서 우리는 태어나기 전에 존재했던 속세로 들어가며, 이런 접속은 말하자면 탄생에 스스로 책임을 지는 제2의 탄생과 같다." 만인은 태어나면서부터 "나타나는", 즉 스스로 속세의 관심사에 섞여서 이런 자신의 세계를 공동으로 형성하는 기회를 얻기 때문이다.

그러나 아렌트와 엘리슨은 인간이 존재임을 실현해야 할 필연성이 행위를 통해 가능함을 지적했다. 뿐만 아니라, 행위하지 않는데 특별한 담력과 자제력이 필요한 순간, 즉 행위하지 않음으로써 위험에서 벗어난다면, 행위하지 않는 것도 행위의 순간임을 알고 있었다. 그렇다. 계속되는 굴욕을 더 보태주는 위험에서 벗어나야 한다면, 행위하지 않는 것도 하나의 행위이다. 그리고 아렌트와 엘리슨, 두 사람은 모두 순응의 위험이나 유혹에 대해 경고했다. 그들은 간단히 말해서 순응을 통제의 변주로 보았다.

소설에서 엘리슨의 주인공은 타인이 그에게 요구

하는 모든 것을 할 채비를 갖춘 성격의 특징을 보여준다. 그의 조상처럼 그 역시도 (너무 오랫동안) 낯선 세상의 톱니바퀴였다. 순응하려는 주인공의 열망은 너무 강렬했다. 주인공처럼 동화하려는 사람은 자신의 특별함이 드러나는 것을 원하지 않는다. 이것도 일종의 보이지 않음이다.

5. 평등

미국이 제2차 세계대전에 본격적으로 참전하기 거의 1년 전인 1941년 1월 6일에 시어도어 루즈벨트는 미국의 국민에게 인류는 네 가지 자유, 즉 연설의 자유, 신앙의 자유, 결핍으로부터의 자유, 두려움으로부터의 자유에 대한 권리를 갖고 있다고 발표했다. 그때도 그는 흑인의 두려움으로부터의 자유를 생각하지 않았다. 대부분의 미국인은 흑인과 함께 대화하지 않고 흑인에 대해 떠들 뿐이었다.

1619년에 최초로 흑인들이 노예가 되어 북미로 끌려왔다. 제퍼슨이 헌법에 서명하기 거의 150년 전인 1620년에 메이플라워호를 탄 순례자들이 케이프코드 근처에 상륙했을 때, 이미 흑인들은 유럽 식민지 개척자들의 들판에서 죽도록 일하고 있었다. 그러나 1950년대에도 미국 건설에 대한 흑인의 기여는 대부분 무시되었고, 인권의 땅에 사는 사람들조차도 여전히 검둥이 문제를 말했을 뿐 권리가 없는 흑인을 미국 사회 전체의 현실 문제로 보지 않았다.

노예제도의 산물인 인종 차별은 백인 우월주의

를 유지하기 위한 폭력적인 구성물이었다. 1860년대 말 재건 기간에 수정헌법 제14조와 제15조를 통해 헌법상 모든 미국 시민에게 동등한 시민권과 투표권이 보장됐음에도 불구하고, 남부 주는 수정헌법의 승인을 거부하고 추가법(짐 크로우법Jim Crow Law)을 통해 흑인 차별 및 선거권 박탈 제도를 유지했다. 이런 식으로 남부의 병원, 버스, 식당, 문화 기관, 특히 학교와 대학에서 인종 차별이 합법적으로 연장되었다. 1954년에 워싱턴의 연방대법원은 흑인 부모들의 집단소송을 근거로 수년간의 심리를 거쳐 "브라운 대(對) 교육위원회(Brown v. Board of Education)" 재판의 판결 이후 공립학교의 인종 차별은 헌법 제14조를 위반했다고 판결했다. 헌법 개정으로 인해 모든 학교 당국은 공립 교육 기관에서 인종 장벽을 철폐하라는 요구를 받았다. 특히 다수의 흑인 학교 환경은 명백히 더 열악했다. 아직도 여전히 흑인과 원주민(남부뿐만 아니라)은 동등한 교육권을 행사하지 못했다.

이 판결은 유럽의 식민지 장사꾼이 상륙하기 전에 와팝(Quapab) 부족이 살았던 미시시피 삼각주와 워시타(Ouachita) 산맥의 교차 지역에 위치한 아칸소주의 수도인 리틀록을 포함하여 남부인의 강력한 저항에 부딪혔다. 그 지역 교육부는 아홉 명의 흑인 학생에게 지역 공립 고등학교의 입학을 명령했지만 아칸소주지사가 반대했다. 아칸소주 방위군은 "비명을 지르는 히스테릭한 백인 폭도"(『뉴욕 타임스』)와 함께 "그들을 구타하라"는 구호를 부르짖으며 등교하는 흑인 청소년 아홉을 막아섰다. 이 장면은 1957년 9월 초에 텔레비전으로 처음 생중계되었고, 전 국민이 시청했다. "흡사 전쟁터를 방불케 했어"라고 훗날 그 사건에 참여한 사람 중의 누군가는 말했다. 교육에 대한 굶주림을 가졌다는 이유로 수모를 겪는 이 늠름한 청소년들의 행진 모습을 담은 화면이 전 세계로 퍼져나가자, 미국의 대통령 아이젠하워는 광범위하게 퍼진 분노 앞에서 단호한 조치를 내려야 한다는 의무감을 느꼈다. 그는 만여 명의 사내로 이루어진 아칸소주 방위군을 연방의 지휘 아래에 편입시켰을 뿐만 아니라 아홉 명의 청소년이 공립 고등학교에 다닐 수 있는 권리를 관철하기 위해 추가로 낙하산병 부대를 포함한 연방군을 리틀록에 파견했다. 그럼으로써 선례가 생겼다.

그 도시에서 법을 준수하는 시민은 폭도에게 거

리를 내준 셈이었다. 제임스 볼드윈은 파리의 신문 가판대에서 증오의 벽을 부수고 싶어 하는 흑인 소녀의 표정에 담긴 "형언할 수 없는 자부심, 긴장, 불안"을 보고 즉각 반응했다. 나중에 그는 이렇게 회고한다. "그 사건은 나를 화나게 했고, 난 한순간 증오와 연민으로 가득 채워졌으며, 그 사건은 나를 부끄럽게 했다. 우리 중 한 명은 그 소녀 곁에 있어야 했다." 그러나 한나 아렌트는 다른 결론을 도출했다. 그는 부모가 자식을 백인 폭도 앞에 내버려두는 것에 분명히 우려를 나타냈지만, 『인간의 조건』에 나온 정치적, 사회적, 개인적 영역 사이의 규범적 구별에 기대어 흑인 대표 단체의 정치를 다음과 같이 비판했다. 왜 인권 운동이 정치적 평등, 즉 일반적인 인권, 시민권, 혼혈 금지 철폐, 보통 선거권을 옹호하는 대신에 "노동, 주택 시장, 교육 시스템과 같은 사회적 차별"을 전면에 내세우는가? 아렌트는 공공장소(이를테면 버스나 사업장)에서 평등을 법적으로 시행하는 것만 긴급한 것으로 보았을 뿐, 학교에서 정치적 기본권은 위태롭지 않다고 생각했다.

아렌트는 이미 라헬에 대한 연구와 관련해서 언

급한 것처럼 독일의 유대인 역사에서 정치적 평등, 즉 모든 국민의 평등에 대한 보장은 법을 통해서 그리고 법 앞에서 가능하다는 교훈을 끌어냈다. 그는 사회적 인정에는 항상 정치적 불평등이 포함되어 있다는 편지를 비평가 매튜 립맨(Matthew Lipman)에게 보냈다. 그리고 1963년 강의 '국민 국가와 민주주의'에서 아렌트는 국민이 미국 사회 영역에서 매우 중요한 역할을 한다고 밝혔다. 이 점은 잘 알려진 차별에서 가장 분명하게 드러난다. 그러나 정치적으로 차별은 "특별한 문제를 대표하는 검둥이의 경우를 제외하고는" 의미가 없다. 이 "특별한 문제"에 대해서 그는 끝까지 함구했다.

한나 아렌트는 유대인 역사를 연구하면서 다른 것을 더 배웠다. 분명히 편견에서 안전한 곳은 "달에서뿐"이다. 그는 차별하고 구별하는 습관이 법으로 해결할 수 없는 인간의 깊은 욕구에 해당하기 때문에 법적, 정치적 평등을 보장하고, 이런 방식으로 사회적 영역, 즉 함께 생각을 바꿀 수 있는 기회가 있는 곳이라면 모든 차별이 제한되도록 보장하는 일이 국가의 가장 시급한 임무라고 상술했다. 편견은 법으로 폐지될 수 없고 타인의 편견을 설득할 수도 없기 때문이다. 아렌트가 훗날 썼듯이, 편견은 의견이며, 의견처럼 압력을 가하면 변하거나 강화되거나 해소되는 특징이 있다.

「리틀록 사건을 돌아보며」의 주장을 잠시 따라가면, 한나 아렌트가 사생활을 옹호하는 정도가 이례적이라는 점이 눈에 띈다. 그의 시선에는 확실히 국가가 보통 교육의 권한을 갖고 있었지만, 그는 부모의 권리, 즉 자녀의 성장을 자율적으로 설계할 권리는 외부 영향으로부터 보호되어야 한다고 생각했다. 왜냐하면 아렌트가 근작 에세이집 『교육 위기(Die Krise der Erziehung)』에서 숙고한 것처럼, 부모는 세상의 지속에 대한 책임뿐만 아니라 무엇보다도 "자녀의 인생과 성장 과정"에 대한 책임을 지기 때문이다. 그리고 아렌트가 "불완전한 인간"이자 "신출내기"로 보았던 아이들은 인간의 세상에서 성장하기 위해서 보호를 필요로 한다. 그에게 "아이들"(이 경우에는 16세 미만)이 정치적 주체가 될 수 있다는 것은 불가능해 보였다.

또한 아렌트의 생각에는 "아이들"이 어른의 싸움을 끝장낼 수는 없었다. 파브뉴처럼 극단적으로 자신을 거부하는 어느 집단에 자신을 밀어 넣는 듯한 느낌은 인생에 있어 나쁜 시작이다. 그런 시작은 아이들의 자존심을 깎아먹고 고운 심성에 상처를 낸다. 아이들이 무자비한 대중을 경험하게 되면 성숙한 인간으로 자라지 못할 수 있다. 아직 아이들은 세상에서 버티기 위해 필요한 다각적인 노력을 수행할 수 있을 만큼 성장하지 않았기 때문이다.

여타 많은 작품에서처럼 이 작품에서도 아렌트는 국가의 정치 얼개 안에서의 자유의 가능성에 대한 여러 사유를 내놓는다. 정치는 한 가지, 즉 법 앞에서 만인이 평등하다는 것은 보장할 수 있다. 하지만 인간이 실제로 서로를 평등하게 지각하고 받아들이는지, 그리고 그 방법은 무엇인지에 대한 대답은 아직 남아 있다.

아렌트가 유대인의 동화, 해방, 배제의 함정에 대한 연구에 집중하면서도 리틀록의 사건들에 관해 발언한 계기 중 하나는 텍스트 서문에서 읽을 수 있듯이 자신의 성장 과정에서 나온 것이 분명하다. 아렌트 또한 어렸을 때 독일에서 인종 차별에 노출되었다. 그는 어머니에게 세 가지를 배웠다. 머리를 숙여선 안 된다. 자신을 보호해야 한다. 자신을 지키기 위한 규칙이 필요하다. 아렌트는 동급생의 반(反)유대주의에 직면해야 했고, 교사, 즉 공중의 대표로부터 반유대주의 발언이 나오는 경우 즉시 학교를 나와 집으로 돌아오라는 교육을 받았다. 그러면 어머니는 탁자에 앉아 학교 교장에게 항의 편지를 썼다. 어머니의 규칙이 아이에게는 법이자 버팀목이었다. 아렌트는 말한다. "보세요, 유대인 아이 모두 반유대주의와 만나고 있어요. 반유대주의는 수많은 아이의 영혼에 독을 뿌리죠. 그러나 내 존엄을 지켜주고 보호하는, 한사코 보호해 주는 행동 규칙은 집에 있었어요." 리틀록에서 적으로 간주되었던 청소년들의 사진은 명백히 당시 어머니의 보호 규칙에 대한 기억을 환기시켰다. 흑인은 유대인처럼 항상 박해를 당한 소수였기 때문에 일정한 유사점은 있었다. 그러나 출발선은 근본적으로 달랐다. 아렌트는 다방향 기억(multidirectional memory)에 대한 당대의 논쟁이 우리에게 가르쳐주듯이 궁극적으로 반유대주의가 미국의 피부색 인종주의와 동일하기는커녕 유사할 수도 있다는 사실을 유념하지 않았다. 어느 정도 유사함은 있겠지만 유럽의 유대인에게 노예의 역사는 없었다. 갖은 차별과 박해에도 불구하고 이미 아렌트의 할아버지 세대는 시의회 의원으로 선출될 기회가 있었다. 아렌트도 유대인이라고 해서 한 번도 대학입학시험을 걱정할 필요는 없었다.

6. 가늠할 수 없는 감정

우리는 역사를 재구성할 때마다 등장하는 빈틈과 대결해야 하는데, 때로는 새롭게 관찰되고 이야기되는 역사에서 팩트와 빈틈은 계속 새롭게 조명된다. 이 점은 한나 아렌트의 에세이 「리틀록 사건을 돌아보며」와 관련한 논쟁에도 해당되는 듯하다. 아렌트의 전기 작가 엘리자베스 영-브륄(Elisabeth Young-Bruehl)이 적절히 표현했듯이 그 에세이는 가늠할 수 없는 감정과 청산하지 못한 과거의 물결을 거슬러 헤엄쳐 간다. 아렌트가 북부에서는 보통 멸시받는 생각을 지닌 남부 백인에게 제한적이더라도 사회적 배타성에 대한 권리를 인정했다는 사실은 정의에 대한 많은 친구들의 표상을 훼손시켰다. 그럼 그 논쟁에서는 무엇이 문제였을까?

월간지 『코멘터리(Commentary)』의 편집부는 한나 아렌트에게 리틀록 사건에 대한 원고를 청탁했다. 그러나 시간에 쫓겨 쓴 원고가 도착했는데도, 편집부는 출간을 머뭇거렸다. 아렌트의 성찰이 이 잡지를 발간하는 미국유대인위원회(American Jewish Committee, AJC)의 정책에 어울리지 않았기 때문이다. 여러 유대인 단체는 과거에 흑인 인권 운동 단체를 적극 지지했고, 20세기 초에는 흑인 대표 단체인 전미유색인종지위향상협회(National Association for the Advancement of Colored People, NAACP)의 설립도 도운 바 있다. 남부의 유대인 변호사들만이 권리를 찾기 위해 필사적인 흑인들을 대변한 것은 아니었다. 변호사들 중 일부는 아주 소신 있는 정의를 실천했다. 예를 들면, 잭 그린버그(Jack Greenberg)는 앞서 언급한 1954년 "브라운 대 교육위원회" 재판에 참여한 27세의 최연소 변호사로서 흑인의 권리를 위해 법정에서 여러 번 싸웠고, 인종 차별이 만연한 남부로 출장을 가서, 흑인 호텔에 투숙했으며, 흑인 레스토랑에서 식사를 했다. 그렇다면 '흑인 전용'의 최종 결정권자는 누구였는가?

아렌트의 「리틀록 사건을 돌아보며」의 배경으로 돌아가 보자. 흑인 교육 기관의 터무니없는 상황과 백인의 교육 특권을 고려해 보면, 남부 주의 학교에서 합법적인 인종 차별을 종식하는 일은 많은 사람에게 마음의 문제를 넘어서는 일이었다. 랠프 엘리슨도 1954년 통합이라는 법적인 강제가 연방대법원에 의해 결정되었을 때 크게 환호했다. "이제 우리 아이들에게 참으로 기적 같은 가능성의 세계가 열리고 있구나!" 마침내 진정한 남북전쟁의 승리에 도달했고, 이제 이 승리의 성공 여부는 결국 전적으로 아이들이 무엇을 하느냐에 달려 있다. 그러나 아렌트가 어디에서도 그런 큰 희망은 일절 언급하지 않으면서 반대로 남부 백인 부모의 (겉으로 중요하지 않아 보이는) 개별 "권리"를 옹호한 사실은 교육과 통합에 희망을 건 모든 이를 격분시켰다. '학교의 인종 차별 철폐는 정치적 과제가 아닌 사회적 과제'라는 아렌트의 주장은 광범위하고 완전한 몰이해에 직면했다. 이는 당시에도 그랬지만 오늘날에도 여전하다. 여기서 거의 이해되지 않은 것은, 한나 아렌트는 결코 당시의 상황을 유지하자고 말하지 않았으며 편견에 기반한 불공정한 사회는 공동체의 결정을 통해서만 구제될 수 있다고 생각했다는 것이다. 학교 위원회의 공동 결정을 거친 후에 모든 인종에게 교문을 개방하거나, 혼합된 학교를 만들려는 목표로 시작된 사회 운동으로부터 공동체의 결정이 이루어져야 한다고 말이다. 하지만 그런 시도는 거의 실현되지 않았다.

아렌트의 비평가 중 데이비드 스피츠(David Spitz)는 당시 아렌트가 말한 정치, 사회, 개인의 구분이 매력적으로 들릴지 모르지만 실제로 이 영역들 중 한 가지에만 해당하는 인간 행위는 없다고 주장했다. 아렌트의 에세이가, 흑인을 배제하는 폭행과 법원 판결이 사람들의 영혼에 일깨운 희망에 대해 말을 아낀 것은 오늘날에도 여전히 이해할 수 없는 대목이다. 또 소외 계층이 계속해서 부당한 일을 겪지 않도록 하기 위해 무슨 일이 일어날 수 있고 또 일어나야 하는지에 대해 거의 언급하지 않은 것도 마찬가지다.

출간까지의 에피소드로 다시 한번 돌아가 보자. 미국유대인위원회는 위에서 언급한 1954년의 판결을 이끌어낸 법적, 정치적 캠페인에서 핵심적인 역할을 했다. 흑인을 위한 더 나은 교육 기회 요구는 거두절미하고 지원되어야 했다. 시간에 쫓겨서 작성된 아렌트의 법 집행에 대한 비판은 편집부뿐만 아니라 출판사에서도 이상하게 생각했다. 아렌트는 그들과 다소 불쾌한 글로 옥신각신하다가 1958년 2월 1일 에세이를 철회했다. 그는 수많은 소문("단순 무식, 고의적인 왜곡,

노골적인 허위가 뒤섞인 그렇고 그런 잡탕")이 도시에 떠돌고 있으며, 사무실 직원들이 아렌트의 기고문을 씹고 있다는 불평을 편집부에 늘어놓았다. 그는 자신을 비난하는 사람들이 마치 텍스트를 읽지 않은 것처럼 자신의 진술을 무시한다고 주장했다.

그러나 리틀록의 충돌이 잦아들지 않았고 그곳의 센트럴하이스쿨(Central High School)이 대규모 백인의 저항으로 인해 한동안 폐쇄되었기 때문에(훗날 사립학교가 됨), 결국 아렌트는 1959년 초에 기고문 게재를 결심했다. 기고문 원본은 거의 수정되지 않았고, 잡지 『디센트(Dissent)』는 상이한 의견에도 플랫폼을 마련해주는 것이 "의무"라고 보는 편집부의 짧은 입장표명과 함께 기고문을 실었다.

아렌트의 법 해석은 불을 보듯 뻔했다. 그것은 차별을 어떻게 철폐할 수 있는가가 아니라, 차별이 정당화된 사회적 영역에서 차별을 어떻게 제한할 수 있는지에 대한 문제였다. 즉, 차별이 정치와 개인의 영역으로 확산되어 파괴적인 영향을 미치는 것을 어떻게 방지할 수 있는지의 문제였다. 정치 이론가인 한나 아렌트는 정치적 영역, 즉 동등한 법 제정과 이런 평등 원칙의 법적 위반에 대한 징벌이 사회 영역에서 서서히 불리해지는 상황에 절망해 그 에세이를 저술했다는 이 야기를 듣고 싶지 않았던 것 같다. 아렌트는「리틀록 사건을 돌아보며」에서 정치적이고 개인적인 기본권, 이를테면 투표권, 시민권, 원하는 사람과 결혼할 권 리 등을 법으로 제정해서 궁극적으로 전국에 통용되 는 권리로 만드는 일이 시급하다고 주장했다. 그것이 1959년이었다.

7. 청산하지 못한 과거

한나 아렌트가 유대인으로서 억압받는 자들의 편에 섰다는 사실은 너무나 자명해 보였기 때문에 1959년 서문에서 그것을 언급해야 한다는 것은 거의 불편할 정도였다. 그는 일부러 남부 주를 여행한 적이 없으며("왜냐하면 그곳은 나를 정말 참을 수 없게 만들죠"), 당연히 그곳 백인의 편견을 공유하지 않았다. 인종 차별은 "미국 역사의 큰 범죄"인 노예제도의 결과물이다. 이 문제는 오로지 공화국의 정치적, 역사적 틀 안에서만, 이른바 정치에서만 해결할 수 있다. 비록 정치라는 문구가 너무나 자주 대충 읽혔거나 대충 읽히고 있어도, 그것이 정확히 아렌트의 생각을 대변한다.

실제로 정치에서 노예제도의 유산을 청산하기 위해, 이 금기시된 유산을 대담하게 뒤흔들기 위해 아렌트는 정치에 완전한 평등, 즉 일반적인 인권과 시민권뿐만 아니라 보통 선거권을 위해 단호히 노력해 주길 촉구했다. 특히 아렌트는 인종 간의 성관계와 혼혈을 범죄로 공포한 인종 사이의 결혼 금지법을 "남부 주의 가장 파렴치한 법"으로 보았기 때문에 그 법의 폐지를 주장했다. 아렌트의 비판에 따르면 시민권 운동이 인종 사이의 결혼 금지법의 폐지는커녕 언급조차 하지 않은 것은 어불성설이었다. 특히 당시 이 금지법은 49개 주 중 29개 주에서 여전히 효력이 있었다. 그런데 이 대목에서도 아렌트는 개인의 자유를 열렬히 변호했다. 이것이 유대인 역사로부터의 교훈인가? 원하는 사람과 결혼할 권리는 기본적인 인권이고 앞으로도 그럴 것이라고 아렌트는 말한다. 그런 권리의 금지는 노예제도의 직접적인 유산이라고 주장한다.

보다 잘 알려진 혼혈 결혼 금지의 결과 중 하나는 제2차 세계대전에 민주주의와 자유를 위해, 그리고 히틀러의 인종주의에 맞서 싸우다가 군 복무 후 유럽에서 (백인) 부인과 결혼한 남부 주 출신의 흑인 군인 (GI)들이다. 그들은 고향으로 돌아가고 싶었지만 형사기소를 당할 수 있었고, 심할 경우 사형에 처해질 수 있었다. 아렌트에 따르면, 혼혈 결혼 금지법의 폐지는 하찮은 목표일 수 없었다. 결국 그 법은 인간의 개인적 자유를 박탈할 뿐 아니라 법적으로 흑인과 백인 사이의 불평등을 뒷받침했다.

덧붙여, 인종 간의 성관계 금지가 과거 수많은 구

는 하나님이 공의로우시며, 그의 공의가 영원히 잠들 수 없다는 상념 속에서 조국을 위해 전율을 느끼고 있다." 제퍼슨은 흑인이나 백인이 아니라 공화국의 운명을 두려워했다. 공화국의 핵심 원칙 한 가지가 애초 위반되었음을 알았기 때문이다. 가능한 모든 형태의 차별과 사회의 현실이 된 인종 차별뿐 아니라 인종법은 이 나라가 건국 이래로 동반하고 있는 범죄의 연장인 것이다.

청산하지 못한 과거의 잔재는 계속 존재했으며, 그 잔재를 억압하는 일도 분명 계속되었다. 제퍼슨이 노예제도 폐지를 공개적으로 옹호했다는 사실은 아렌트 시절보다 지금 더 잘 알려져 있다. 특히 노예제도가 백인에게 새로운 범죄를 쓸데없이 조장했다는 주장과 함께. 그러나 제퍼슨도 실제로 버지니아에서 200여 명의 노예를 소유했으며 그의 "움직이는 재산" 중 한 명인 샐리 헤밍스(Sally Hemings)와 함께 여러 자녀를 낳았다. 현재까지 그 성행위가 자발적이었는지에 대해서는 알려지지 않았다. 다만 제퍼슨이 자신 소유의 여자 노예를 풀어주지 않고 죽은 뒤에 유서에서 비로소 일부 자녀에게 자유를 선물한 것은 사실이다. 평생 그는 혼혈의 검은 피부를 가진 사람이 새하얀 백인이 되기 위해 몇 세대를 거쳐야 하는지에 대해 소름 끼치는 계산을 했을 것 같다. 게다가 우리는 1960년대 중반 흑인 운동의 지도층 일부가 인종 간 결혼을 했다는 이유로 배제되고 반역죄로 기소되었다는 사실을 알고 있다. 보다시피, 청산하지 못한 과거가 한 사회를 압도하면 모든 숨구멍 하나하나에 무력을 행사하기에 이른다.

8. 희생의 이상

한나 아렌트로 하여금 앞에 언급된 편지를 쓰도록 부추긴 인터뷰로 돌아가 보자. 독일어 "희생"은 이중의 의미를 띠고 있지만, 영어에서는 둘을 구분한다. 영어로 victim은 희생이라는 뜻으로, 라틴어 victima에서 기원하며 종교, 정치, 이데올로기적인 동기에서 항상 침해의 희생물이 되었거나 되고 있는 인간이나 집단을 말한다. victim은 수동성을, 즉 고통을 당하거나 감수해야 함을 암시한다. 한나 아렌트가 유대 역사에 대한 논쟁을 통해 이해한 것처럼, 정치적으로 인정하고 폐지하는 데 필요할 뿐, 정치를 이끌도록 허용되지는 않은 고통이다. 그에 반해 sacrifice는 수동적이지 않으며, 다른 사람이 당신을 학대하는 것이 아니라, 당신이 어떤 "책무"에 전적으로 헌신하기로 결정한 것이다. 처음에는 종교적 구원을 위해, 아마도 나중에는 혁명을 위해 세상에 있는 자신의 존재를 개입하는 것이다. 엘리슨의 '희생의 이상(ideal of sacrifice)'에 대한 생각에 따르면, 미국의 역사는 흑인에게 공화주의 가치를 되찾기 위해 동면 상태를 벗어나는 희생을 할 임무, 즉 공화국의 공허하고 이미 공허해져 버린 가치에 저항하는 역할을 부여했다. 아이러니하게도 공화국을 "예전에 선포했던 이상과 일치시키는" 임무는 하필 그들, 노예의 후손에게 떨어졌다. 리틀록의 학생들이 보여준 것처럼, 비록 이 희생이 그들 각자에게 큰 도덕적 부담이고 동등한 수준의 자존심, 자신감, 규율을 필요로 하더라도 흑인은 분명히 그 임무에 헌신해야 했다. 흑인이 정치의 중심이었던 적은 이제까지 결코 없었다. 그들의 해방을 위해 벌어진 내전에서조차 그들은 주로 기동력을 발휘하는 군중일 뿐이었다. 이제 그들은 행위했다. 마침내 이제 정치에서도 그들은 중심이 되어야 했다. 엘리슨은 흑인이 그들 본연의 특성을 쟁취하는 경우에만 공화국의 정신도 쟁취할 것이라고 확신했다.

아렌트의 관점에 대한 엘리슨의 거부는 그녀를 향한 초기 비평가의 거부보다 더 철저했다. 엘리슨은 인터뷰에서 매일매일 벌어지는 빈곤과 고통, 국가의 모습을 갖추어가면서 흑인을 체계적으로 배제하는 현실에 어떻게 눈을 감을 수 있는지 물었다. 엘리슨은 아렌트의 입장이 부적절하다고 비판하지 않았고, 아렌트가 대의를 해치고 있다고 주장하지도 않았다. 오히려 아렌트가 흑인의 상황에 대해 문외한이며 모든 흑인 어머니의 머릿속에 어떤 고통이 있는지 전혀 모르고 있다고 간단히 확인했을 뿐이다. 아렌트가 상상하는 '보호받는 유년기'가 미국의 흑인에게는 전혀 없었다. 수많은 흑인이 불안정하게 살았고, 일부는 엘리슨이 말했듯이 여전히 한 번도 "진짜" 신분조차 갖지 못했다. 당시에 신분이 없다는 것은 정식 출생신고도, 직업도, 보험 카드도 없다는 의미일 것이다.

아렌트는 책 『누가 검둥이를 대변하는가』를 읽으면서 틀림없이 흑인의 성장 과정은 대부분 하루하루가 생존 투쟁이었음을 이해했을 것이다. 엘리슨에게 보낸 편지도 그렇게 해석할 수 있다. 모든 흑인이 알고 있듯이 엘리슨도 이런 지속적으로 감시받는 현실을 알고 있었다. 그의 인생도 그렇게 주조되었다. 그래서 엘리슨은 리틀록의 청소년들처럼 잔인한 통과의례에 노출된 다른 모든 사람에게 더욱 친밀감을 느꼈다. 그러면서도 그에게는 다른 중요한 것이 더 있었다. 흑인의 처지를 아는 사람들은 대부분 사회의 빈곤에 대해 말하지만, 가치에 대해서도 말하는가? 사실 이번 투쟁에서 정조준되어야 하는 것은 다른 무엇도 아닌 헌법의 규범 및 가치이다. 엘리슨은 "그래서 우리는 정확히 어제와 마찬가지로 오늘도 만인의 행복을 위해 복수에 대한 열망을 희생한다"고 인터뷰에서 말했다. 다음의 인용문에서도 이어진다.

예, 저는 사회의 인정이나 실제적인 지위 없이 살 수밖에 없지만 그래도 이 사회의 이상에 구속되어 있는 사람들의 암묵적인 영웅주의에 대해 생각해요. 그들은 이 사회에서 자신의 길을 가면서 자신의 법적 권리에 합당한 위치를 찾으려고 해요. 그들은 자신의 위치를 당연하게 여기는 사람들보다 사회의 진정한 특징, 규범 및 가치의 참뜻에 대해 훨씬 많이 배우죠. 어쩌면 그들(마틴 루터 킹에 따르면 '흑인')은 그런 것을 근사한 이론으로는 설명하지 못하지만 행위로 보여줄 수 있어요. 그리고 사회적 현실을 반영하는 태도, 관습, 가치를 폄훼하고 무시하는 백인에게 흑인은 행위로 말하죠. "너희는 솔직하지 않아. 너희는 대상에 대한 우리의 관점이 옳다는 것을 알고 있어. 진짜 미국의 현실 속에 살고 있는 사람은 우리야. 그래. 우리는 그런 현실과 타협하고 있어. 그러나 현실의 모든 측면, 모든 모순을 고집스럽게 무시하는 너희는 스스로를 속이고 있는 거야."

그리고 얼마 지나지 않아 말했다.

어쨌든 "자신을 이해하는 법을 배우는 것"(마틴 루터 킹)도 흑인 미국인의 경험이며, 제가 그 뒤에 있는 이상, 즉 희생의 이상을 본다면 비로소 이 경험의 의미를 이해한다고 생각해요. 한나 아렌트는 남부 흑인을 위한 이런 이상의 의미를 이해하지 못했기 때문에 그의 에세이는 핵심을 완전히 빗나간 거죠.

이 대목에서 중요한 것은 희생의 고통이 아니라 희생의 이상, 즉 진정한 미국의 현실을 형상화하고 요구하는 것이다. 아렌트가 에세이 「은폐된 전통(Die verborgene Tradition)」에서 창조한 "자의식 강한 파리아"이자 유대인 반군 베르나르 라자르와 희생의 이상 사이에는 놀랄 만한 유사성이 있다.

정치적으로 말한다면, 반역자가 되지 않은 모든 파리아는 자신의 억압과 인류에 대한 모독에 공동 책임이 있어요. 예술에서도 자연에서도 이 수치심에서 벗어날 수 없어요. 인간이 자연의 피조물만이 아니고 신의 피조물만이 아닌 한, 인간은 스스로 창조한 세계에 저질러놓은 일에 책임을 져야 하기 때문이죠.

아렌트의 "자의식 강한 파리아"는 대체로 자신의 비좁은 지하실에서 나와 엘리슨의 희생 의식이 있는 사람처럼 정치 무대에 등장했다. 그의 시선에 반군이 되지 않은 모든 유대인이나 모든 흑인은 계속되는 사회의 위선, 자신의 억압, "인류에 대한 모독"에 공동 책임이 있기 때문이다. 흑인의 반란은 공화국이 수 세기에 걸쳐 형성된 "흑백"에 대한 대내외의 고착을 폐지하게 하고 마침내 종이 위에 적혀 있는 헌법의 평등에 대한 약속을 실현하도록 압박을 가해야 했다. 유대인과 마찬가지로 흑인도 이중의 전투를 치러야 했다. 한편으로는 현대의 노예 소유자가 계속해서 자행하는 폭력에 맞서고, 다른 한편으로는 자신의 머릿속에서 계속되어 온 노예의 사고방식에 맞서야 했다.

9. 계몽의 변증법

엘리슨의 입장은 칸트의 철학을 포함하고 있다. 흑인
은 너무나 오랫동안 미성숙 상태에서 살아왔고 견뎌왔
다. 이제 이들은 미성숙, 즉 미미한 존재감에서 벗어나
기 위해 리틀록에서 했던 것처럼 이성적 세상을 구현하
기 위해 몸소 실천해야 했다. 사회 영역에서 매일같이
잔인하게 흑인을 인류로부터 배제시키는 것이 무엇인
지를 밝혀야 했다. 모든 인간은 본성적으로 딜레마를
풀 수 있는 능력이 있다. 그렇다. 그들은 생각하고 말하
고 행위하면서 처음에 처했던 조건, 그러니까 이미 주
어진 상황으로부터 자유로워지고 미래를 향해 자신의
계획을 설계한다. 그럼으로써 그들은 성숙을 실천한다.
이에 대해 아렌트와 엘리슨은 각자의 방식으로 확신했
다. 한편 아렌트는 어떻게 인간이 노예제도에 무관심
하면서도 겉으로 인간인 척할 수 있는지 궁금했다. 토
니 모리슨(Toni Morrison)은 스코틀랜드 출신의 농장주
인 윌리엄 던바(William Dunbar)의 초상화를 수십 년간
바라보면서 그의 표리부동을 연구했다. 던바는 1749
년에 태어나 1771년 필라델피아로 가서 1773년 오하

이오강과 미시시피강을 따라 여행했다. 그는 미시시피 강이 흐르는 루이지애나주 배턴루지에서 농장 부지를 측량했다. 토니 모리슨이 인용한 역사가 버나드 베일 린(Bernard Bailyn)에 따르면, 던바는 "그의 편지와 일기 에 비추어 볼 때" 윌리엄 포크너의 소설에 나온 인물처 럼 허구적 인물임이 틀림없다. 던바는 "스코틀랜드의 계몽주의와 런던식 예의범절의 산물"로서 젊은 시절에 분명히 유럽에서 신학과 자연과학을 전공했으며 특히 "너희 이웃을 사랑하라"는 하나님의 계명을 따랐다. 개 척자로서 한 치도 부족하지 않은 이력이었다. 그는 루 이지애나에 도착해 카리브해에서 획득한 노예들과 함 께 농장을 건설하기 시작했다. 던바가 도착했을 때 호 마시(市) 또는 나체스시(市) 대표들이 아직 거기에 있 었는지, 그리고 그가 그들과 접촉했는지는 알 수 없 다. 그가 있던 정착지의 정치적 소속은 두 번 바뀌었다. 1783년에는 그때까지 영국 왕실에 속했던 지역이 스페 인의 지배를 받게 되었고, 1795년에는 새로 건국된 미 국의 일부가 되었다. 던바는 분명히 모든 권력과 좋은 관계를 유지했다. 베일린은 던바가 노예무역과 목화, 담배, 쌀, 콩 재배로 돈을 벌었다고 보고한다. 그의 가장 중요한 사업은 통나무로 만든 널빤지 생산이었다. 그의 사업 관계망은 유럽까지 뻗쳤다. 그가 개발한 셀 수 없는 기술 혁신은 그의 명성과 재산을 증가시켰다. 그는 미국의 건국기에 갑절이나 요구된 유럽의 지식으로 진보를 만끽하던 부류의 인간이었다. 그가 서부 플로리다와 레드리버 지역에서 실시한 기상 관측은 최초의 과학적 증거에 속한다. 그리고 서부 플로리다에서만 30종 이상의 다양한 나무 종과 수많은 과일 및 식물 목록을 작성했다.

던바는 제퍼슨과 편지를 주고받았고, 과학적 탐사에 적극적으로 참여했으며, 미국 철학학회 회원이었다. 사람들은 그가 권리장전의 인권과 재산권에 관해 의견을 낸 적이 있는지 등 그곳에서 이루어진 그의 논쟁에 대해 더 알고 싶어 한다. 베일린은 일기에서 던바를 "놀라울 정도로 공감력이 거의 없는" 사람으로 묘사했다. 던바는 고급한 유럽 문명의 산물, 그중에서도 서적, 토지 측량 장비, 최신 과학 장비 등을 그 "거칠고 거의 야생에" 가까운 남부 세계로 수입했지만, 노예를 대하는 태도는 분명히 덜 세련되었다. 던바가 소유한 노예 둘이 봉기 도중에 탈출하자, 그의 부하들이 추적

해서 다시 찾아냈다. 던바는 그들에게 각각 다섯 번씩 "500대의 채찍형에, 추가로 쇠사슬과 각목을 발목에 착용할 것"을 선고했다고 한다. 그는 자신의 논리와 궤변을 다음과 같이 늘어놓았다. 친절하게 대해도 배은망덕으로 돌아온다면 무슨 소용이 있는가?

베일린은 생생한 백인 우월주의에 대한 짧은 초상을 묘사한다. 베일린의 표현을 믿는다면, 던바의 "보다 섬세한 감수성"은 가혹한 남부 생활로 인해 무뎌졌다. 권위와 자율성이 그를 신인류로 만들었다. 오늘날까지 던바는 전기 분야에서 연구자이자 발견자로 칭송받지만, 그의 노예 문제는 곁가지로만 언급된다.

10. 만남

누군가는 한나 아렌트와 랠프 엘리슨이 편지를 쓸 때까지 만난 적이 없다고 생각할지 모른다. 특히 형식적인 어투에 가까운 편지가 이를 시사한다. 그러나 엘리슨의 유고에는 실제로 아렌트와 그가 1964년 4월 1일 다른 예술가들과 함께 참석한 미국예술문학아카데미(American Academy of Arts and Letters) 입회 축하연에 대한 기록물이 포함되어 있다.

아렌트는 아카데미 원장에게 자신은 학교에 다닐 때부터 늘 일찍 호명되는 알파벳의 저주에 시달렸는데, 이번에는 이 "저주"가 풀린 것인지 세 번째로 불렸다고 너스레를 떨었다. 그 앞에는 레오넬 에벨과 존 업다이크, 그 뒤로 바로 제임스 볼드윈과 랠프 엘리슨이 나오고, 다른 예술가들이 뒤따랐다. 유감스럽게도, 우리가 아는 한, 이 저녁 식사에 대한 음성 녹음은 남아 있지 않다. 한나 아렌트의 "진한 독일어 억양"을 포함하여 당시 식탁 주위에서 들릴 법한 외국어의 혼합이 그립다.

한나 아렌트는 감사 연설에서 자신은 전업 작가가 아니며 단지 우연히, 철학자가 될 운명에서 벗어났고 "이번 세기의 예외적인 상황", 즉 탈출과 추방을 경험했기에 "이 엄선된 공동체"에 속한다는 사실조차 의심스럽다고 말했다. 하지만 누군가 어떤 것으로부터 버려지거나 요람에 없는 어떤 것에 전념한다고 해서 잘못된 일은 아니다. 그는 "우리에게 분배된 모든 영예는 우리가 사는 세상에서 받는다"고 계속 말하면서 우리 모두는 이 세상에서 결국 떠돌이이기 때문에 환영과 환대에 의존한다고 강조했다.

저처럼 외국에서 성장하여 이 나라에 들어온 사람들에게는 더욱 그래요. 그러므로 저는 본 아카데미 회원이 된 이 영광을 제가 살고 있는 세상에서 집과 같은 편안함을 느낄 수 있도록 하는 초대로 이해하고 싶습니다. 그것을 허락해 주신 여러분께 감사드립니다.

아렌트의 연설은 정치적 파리아의 연설, 즉 우여곡절 끝에 당도한 사회를 향한 내면의 충심과 의존성에 얽매이지 않았음을 보여주는 유대인이자 유럽인 이민자의 연설이었다. 아렌트와 마찬가지로 엘리슨도 환영받는 존재에 대해 말했고, 글쓰기는 타고난 재능이 아니라고 강조했다. 음악가인 자신이 최근에 작가가 된 것도 우연 덕분이라고 했다.

저는 오클라호마에서 보낸 유년기에 여러분의 책 중 일부를 읽었습니다. 여러분의 음악 중 일부를 들었죠. 그리고 확실히 잡지 『보그(Vogue)』나 『하퍼스 바자(Harpers Bazar)』같은 지면에서 여러분의 몇몇 미술품을 본 적이 있을 겁니다. 그러나 여러분은 저의 존재를 모를 겁니다. 더 분명한 이유가 있긴 하지만, 그 밖에도 제가 미국 생활에서 덜 탐구된 지역 중 한 곳에서 성장했다는 사실 때문이죠.

이 말을 듣거나 더 족집게처럼 읽어낸다면, "잘못된" 피부색의 사람이 자신의 나라에서 문학적 명예를 찾기 위해 발언하는 것에 얼마나 큰 힘과 자부심이 필요한지 느낄 수 있다. "저는 미국어를 맛깔스럽게 사용하고, 흑인의 음악과 관용구를 작품에 넣어 미국어를 풍성하게 하고 생명을 불어넣고 있어요."

아렌트와 엘리슨, 둘 다 감사한 마음이었다. 아렌트는 미국에서 환영받는 낯선 곳에서 바다를 건너왔다. 그러나 엘리슨은 그곳에서 태어났지만 많은 아카데미 회원을 포함하여 다수에게 아직 잘 알려지지 않은 "미국"의 어느 지역 출신이었다.

11. 공화국[*]

미합중국은 민족국가가 아니다. 이곳에서 아렌트와 엘
리슨 둘 다 그렇게 생각한 것처럼 누구도 "미국적"일
필요는 없다. 미국에 속하기 위해 동화될 필요는 없는
것이다. 미합중국의 주들은 인종의 복수성과 연방의
다양성에 기초하여 권력을 여러 곳으로 분배했다. 그
러나 1960년대 초반까지 여전히 흑인은 그런 권력 분
배에서 제외되었다. 1963년에 흑인의 불과 4%만이 대
학을 졸업했고, 하원 의원 433명 중 흑인 의원은 정확
히 4명이었다. 흑인을 재정적, 법적 또는 기타 장애물,
즉 투표세, 복잡한 문해능력 시험, 공무원의 터무니없
는 "상식에 대한 질문" 등으로 유권자 목록에 등재하는
것을 막은 것은 미시시피주에서만 있던 일은 아니었다.
그 외에도 흑인은 폭력적인 협박과 상시적인 괴롭힘
에 의해 방해를 받았다. 여기에 많은 꼼수가 더해지기
도 했다. 흑인이 목록에 등재를 원할 때에만 잠시 휴식

---

[*] 원서에서 아렌트는 라틴어 '레스푸블리카(RES PUBLICA)'를 쓰는
데, 이는 그리스 철학자 플라톤의 『국가론』 라틴어명을 연상시킨다.

하는 투표소, 철자가 틀린 것으로 추정되는 중간 이름, 선거인 명부의 등록을 교란하기 위해 가지가지 꾸며낸 불합리한 묘수.

정치적 평등이 없고 (흑인을 위한) 선거권마저도 백인 공무원의 관용 덕분으로 얻어야 하는 국가는 아렌트가 상상했던 미합중국이 아니었다. 모든 이민자나 난민처럼 아렌트는 1941년 미국에 도착하고 나서도 오랜 세월 자신의 출신 문화에서 구출한 "트렁크"를 벗 삼아 살았다. 유대문화와 유럽적인 교육과 경험(그가 가져온 "사고의 식기")과 이성주의에 대한 희망이 아렌트의 판단력을 특징지었다. 그런 모든 범주와 사고 기준은 나치의 등극으로 인해 명백하게 와해되었다. 무엇보다도 인권의 이념은 모든 사람에게서 빼앗기기도 전에 국가 시민권으로 잘게 부서졌다. 수년간 아렌트가 지켜보면서 분석한 미국은 그에게 자유의 보증인이었다. 그녀가 자신이 미국의 모든 사람과 똑같이 정치적으로 토착민인 것처럼 소속감을 갖고 있다고 말했다면, 여러 세기에 걸쳐 미국에서 살고 있어도 미국의 운명에 여전히 영향을 미칠 수 없는 조상을 둔 수많은 원주민이 존재한다는 사실을—알았든 몰랐든

—간과하는 것이다. 비록 아렌트의 폴리스*에서는 인간사에 대한 모든 사람의 참여가 법적으로 영구 보장된다고 할지라도 말이다. 아렌트는 "형편없는 나라"의 최고 심급이자 공화국의 권위를 법이라고 지치지 않고 강조하면서 공화국을 인간이 아닌 법의 정부라고 정의한 존 애덤스를 인용한다. 권리는 항상 새롭게 규정되고 법으로 보장되어야 한다. 그것이 정치의 과제이다. 법의 집행은 공화국의 모든 시민에게 동일하게 보장되어야 한다. 그러나 헌법은 집행되지 않았고, 흑인은 1950년대 말에도 여전히 헌법으로 보증된 권리를 얻지 못했다. 선거에서도, 형사나 민사 사건에서도. 흑인에 가해진 백인의 범죄는 백인 판사 앞에서 재판을 받았지만 처벌받지 않는 사례가 너무 많았다. 흑인을 적대시하는 사법 제도의 불공정한 판결은 말할 것도 없었다. 그럼에도 불구하고 극소수의 예외가 있었고, 그를 통해 이런 규칙을 확인할 수 있었다.

아렌트의 시선으로 볼 때 이름에 걸맞은 공화국

* 고대 그리스 도시국가

이란 첫째, 끊임없이 정치적 공존의 기반을 새롭게 타협하고 법적으로 재조정하는 입법 기관에 기반을 둔다. 둘째, 모든 공화국은 법을 위반할 때 처벌 장치를 신뢰할 수 있고 구속력이 있으며 모든 시민을 동등하게 포함하는 합의를 필요로 한다. 셋째, 법의 준수를 보장하는 행정부가 필요하다. 그러나 모든 인간의 일반적인 권리를 선언한 공화국이 있다고 해도 그 일반적인 권리가 실제로 특정인에게만 적용되기도 한다. 일반적인 권리가 실제로는 몇몇 집단을 배제하기 때문이다. 그런 공화국은 내부에서 썩는다.

아렌트의 사상이 소수의 관점과 전체의 관점을 촘촘하게 엮으면서 많은 사람의 대화, 많은 사람과의 대화를 추구하고 공을 들이지만, 그의 유고에는 흑인 작가나 시인과 대화한 흔적이 거의 남아 있지 않다. 그 중 제임스 볼드윈에게 보낸 편지 한 통이 있다. 1962년 11월 잡지 『더 뉴요커(The New Yorker)』에 볼드윈의 에세이 「내 마음 한 귀퉁이에서 온 편지(Letter from a Region in my Mind)」가 게재됐다. 그는 작품에서 청년 시절의 폭행에 대한 경험과 나아가 다양한 흑인 운동과의 만남, 각별히 흑인 무슬림과의 만남을 감동적인 방식으로 묘사했다. 행간에는 언제나 국가의 역사, 노예제도, 정착민 식민주의와 얽혀 있는 일상의 증오와 매일매일 벌어지는 폭행 이야기가 있었다. 그 에세이는 미국의 연대기에 등재될 정도로 위대하고 훌륭한 학습극이었다. 작품의 짧은 대목에서 볼드윈은 자신의 정신으로 백인 우월주의와 홀로코스트를 연결한다. 그의 표현을 따라 읽어보면 기술적인 측면을 제외하고 기독교의 우월성은 제3제국의 등장으로 단번에 끝장난다. 그럼에도 곧 심란한 생각이 따라온다. 그는 궁금했다. 국가사회주의자가 유대인을 살해한 것처럼 언젠가 백인이 흑인을 그렇게 살해하지 않을까? 말하자면 닥치는 대로가 아니라 단계적으로. 물론 볼드윈은 미국에서는 그런 일이 일어날 수 없다는 확신을 가졌지만, 당시 의구심을 지우지 않았다. 그는 물었다. 아마도 유대인은 지금의 흑인처럼 홀로코스트 이전에 아무것도 모르지 않았을까? "한 백인이 한 흑인과 마주칠 때, 특히 그 흑인이 연약하다면, 뭔가 끔찍한 일이 벌어진다. 그것을 나는 안다…"오늘도 이 구절을 읽으면 모골이 송연하도록 공포심이 스친다. 리틀록의 사건도 언급되었다.

무자비하게 격노하는 인간에게 매일매일 존재감과 정체성을 맡겨야 하는 상황을 벗어나야만 하는 사람이 있다. 격노는 그를 파괴하려고 할 때에 타오른다. 그는 애써 살아남거나 살아남지 못하더라도 자신에 대해 배우고, 지상의 어떤 학교와 어떤 교회도 가르치지 못하는 인생을 배운다. 그에게는 확고한 삶의 방식이 있다. 자신의 생명을 구하기 위해서는 무대 뒤를 보거나, 아무것도 곧이곧대로 믿지 않거나, 말 뒤에 숨겨진 뜻을 들어야 하기 때문이다.

그리고 계속 이어진다.

여기에 너무 간결하고 불충분하게 요약된 삶의 태도는 여러 흑인 세대의 세상 풍파와 일치한다. 그들이 어떻게 버텨냈는지, 그들이 어떻게 폭도들 틈에서 학교에 다니는 아이들을 키울 수 있었는지 설명하는 데 도움이 된다. (...) 오늘날 폭도들에 맞선 흑인 소년 소녀들은 대단히 유서 깊은 가문의 후예다. 이 나라가 지금까지 배출한 유일한, 진정한 귀족이다...

한나 아렌트는 에세이를 읽고 난 다음에 이 탁월한 텍스트를 출판한 『더 뉴요커』의 편집인 윌리엄 숀(William Shawn)에게 감사의 뜻을 전했다. 직전에 아렌트는 그에게 아이히만(Eichmann) 보고서 제1부를 보낸 바 있었다. 아렌트는 글을 읽고 난 이후에 거의 아무 것도 생각할 수 없다고 썼다. 『더 뉴요커』는 공중에 큰 기여를 했으며, 그에 대해 아렌트는 축하하고 싶었다. 같은 날 아렌트는 볼드윈에게도 편지를 썼다.

친애하는 볼드윈 씨, 당신의 기사는 최고 수준의 정치 이벤트이며, 어쨌든 그 기사는 흑인 문제가 무엇인지에 대한 저의 이해를 위한 사건이기도 합니다. 그 기사는 우리 모두의 관심사이기 때문에 저는 이의를 제기할 자격이 있다고 생각합니다.

그리고 계속 글을 이어간다.

당신의 에세이에서 저에게 충격적인 것은 글의 끝에 있는 사랑의 찬가였습니다. 사랑은 정치에서 이방인이고, 사랑이 끼어들면 위선밖에 나오지 않습니다. 당신이 흑인에게 그토록 강조하는 아름다움, 인간성, 흥(興)의 자질은 억압받은 민족의 특성으로 널리 알려져 있습니다. 그 특성은 함께 나누는 고통에서 생겨났으며 모든 파리아의 가장 자랑스러운 소유물이기도 합니다. 불행하게도 그 특성은 해방의 시간이 오면 5분도 버티지 못했습니다. 미움과 사랑은 함께하지만 둘 다 파괴적입니다. 미움과 사랑은 개인의 영역에서만 가능하고, 자유롭지 않은 민족에서만 감당할 수 있습니다.

진심으로 존경하며...

　아렌트는 볼드윈의 에세이에 대해 비호하는 제스처를 취한다. 그렇다면 볼드윈은 무엇을 말하고 싶은 것인가? 볼드윈은 에세이 마지막에 김빠지고 혼란스러우며 무분별하게 잔인한 백인의 세계가 흑인의 모든 아름다움과 사랑, 모든 신뢰와 흥을 위협한다고 썼다. 이러한 배경 앞에서 볼드윈은 "자의식 강한 백인"과 "어느 정도 의식 있는 흑인"이 "마치 연인처럼" 함께 서로의 의식을 깨우고 요구하는 일종의 정치 프로그램을 구상했다.

아렌트의 비판은 이러한 연인의 "사랑"과 관련할 수 있다. 세계사의 흐름을 바꾸는 일이 문제가 되는 경우에(볼드윈), 아렌트의 눈에 천차만별의 사람들, 많은 이들의 공존을 헌법적으로 확립하기 위해 요구되는 것은 사적인 특성이 아니라 공적인 특성, 즉 다원성이었다.

자유를 위한 투쟁이 시작되는 여기, 아렌트의 편지에서 "해방의 시간"은 엘리슨의 작품에서 마침내 모든 장벽이 무너지는 "순간"이라고 할 수 있다. 엘리슨은 모든 시민이 인종에 상관없이 "인간의 본질과 경험의 보편성"을 인식할 수 있는 공화국이 되기를 염원했다. "내가 다른 것을 보존하고 싶으면, 다른 인간이 나를 지각하든 내가 그들에게 보이지 않든 관계없이 모든 인간의 다름도 받아들여야 한다." 엘리슨의 주장을 따라가면 미국 유대인도 자신의 (유대인) 문화를 무조건 받아들이고 이어가야 한다. 그는 동화되지 않는 모든 사람을 보면서 더 자유로운 정치의 미국, 다양한 문화의 미국을 열망했기 때문이다. 미국은 용광로 대신 만남의 장소가 되어야 한다. 나라의 모든 인종은 정치 문화에 자신만의 독특한 유머, 전통, 환상, 이미지, 불일치, 풍부한 아이디어를 덧붙일 수 있어야 한다. 그중에 노예제도의 야만성, 들판에서의 노동, 일과 이후의 시간, 해방과 자유에 대한 희망의 기억도 있다. 공화국의 다원성은 때로는 고통이고, 때로는 부담이며, 변함없는 갈등의 원인이다. 하지만 엘리슨의 시선에도 "우리 모두의 운명"이자 "우리 모두의 희망"이 뿌리를 튼 곳은 공화국이다.

12. 종신형

한나 아렌트는 1960년 게르트루드 야스퍼스에게 보낸
편지에서 하필 「리틀록 사건을 돌아보며」가 "이단의
관점으로 검둥이 문제와 평등"을 분석한 덕분에 민족
의 상호 이해를 추구하는 어느 민간재단으로부터 상을
받은 사실을 "진짜 미국적"이라고 논평했다. "추측건대
그 글은 꽤나 인기가 없었기 때문이죠!" 그러나 전후
사정을 설명하는 한 편의 작은 일화가 이어진다.

그 일은 나에게 어느 전쟁 이야기를 기억나게 한다.
뉴욕의 중등학교는 모든 고학년 학생에게 히틀러 처
벌법에 대한 과제를 냈다. 그러자 한 검둥이 소녀가
히틀러에게 검은 피부를 입혀서 미합중국에 살도록
해야 한다고 썼다. 그는 1등상과 4년 대학 장학금을
받았다.

한나 아렌트가 리틀록 텍스트와 관련하여 별안
간 이 이야기를 떠올린 것은 이곳의 어떤 16~17세 "아
이들"이 아마도 어떤 성인들보다 "더 온전한" 존재였

음을 암시하기 때문이다. 게다가 흑인의 상황은 아렌트가 텍스트에서 강조한 것보다 명백히 더 절망적이었다. 그 소녀가 인종학살을 저지른 히틀러를 위해 상상해 낸 극형은 그를 구타하는 것도, 단두대로 보내거나 전기의자로 보내는 것도 아니었다. 그렇다. 결국, 지금껏 분명히 짧은 기간이지만 흑인으로 충분히 종신형을 경험한 그 소녀에게 사형을 대신할 수 있는 것은 다른 게 아니었다. 그의 판단은 단호했다. 이 집단 살인마를 자신이 소환한 저 (인종주의적인) 악마들에게 던져야 했다.

13. 투표권을 갖는다는 것

그 편지를 보냈던 1965년의 여름은 아마도 모든 일이 다르게 진행될 수도 있었던 최후의 순간이었다. 달리 진행되었어야 했다. 아직은 미국의 다양한 집단 사이의 모든 일이 역동적으로 보였던 순간이었다. 니나 시몬(Nina Simone), 루이 암스트롱, 글로리아 린(Gloria Lynne), 아레사 프랭클린(Aretha Franklin), 빌리 홀리데이의 흑인 영가와 유행가 이외에 마틴 루터 킹, 말콤 엑스 및 기타 많은 이들의 공개 연설은 너무 오랫동안 말을 할 수 없었던 사람들에게 언어를 부여했다. 현실의식(sense of reality)이 생겼고, 이 현실의식과 함께 작금의 현실, 즉 인종 차별과 배제의 현실을 정말 바꿀 수 있다는 가능성도 점점 더 가시권 안으로 들어왔다. 시민 불복종을 통해 대중교통에서 인종 차별 철폐를 강제하려는 자유여행(Freedom Riders) 운동에도 불구하고, 여전히 남부 지역에는 시외버스를 포함해 백인 전용(For whites only) 좌석이 있었다. 사우스캐롤라이나 주 그린우드시(市)의 식당 주인들이 흑인과 백인에게 모두 똑같은 접시와 잔의 사용을 금지한 일은 상상을 뛰어넘었다. 1962년 존 F. 케네디 대통령("모든 시민이 자유로울 때까지 이 나라는 자유로울 수 없다!")은 제임스 메러디스(James Meredith)가 미시시피대학에서 최초의 흑인으로 안전하게 등록할 수 있도록 그곳에 군대를 파견했다. 1963년 6월 케네디는 인종, 피부색, 종교, 성별, 출신 국가에 따른 온갖 차별을 금지하는 시민권법을 상원에 발의했다. 남부 주들이 그 법의 통과를 막기 위해 사력을 다했고, 존 F. 케네디는 11월에 암살당했다. 그래도 그 법은 상원과 하원을 통과했으며, 1964년 케네디의 후계자 린든 B. 존슨이 서명했다. 갑자기 다른 세상이 가능해진 것처럼 보였다. 마틴 루터 킹에게 수여된 노벨상, 아프리카통일기구(OAU) 창설, 아프리카에서뿐만 아니라 곳곳에서 벌어진 연이은 해방 운동의 승리는 그런 희망을 더욱 키웠다.

마침내 흑인은 100년 전부터 보장되어 온 시민권을 갖게 되었다. 그러나 여전히 이 "민주주의 국가"의 일부 시민(흑인, 원주민)은 선거인 명부와 투표함에 제한 없이 접근할 수 없었다. 1963년 미시시피주에서는 전체 흑인 유권자 중 단 7%만이 투표권을 행사했다. 그래서 그곳 백인의 대다수가 동일한 의견을 가진다면 그것은 그대로 유효했다. 1964년 여름에 자유의 여름(Freedom Summer) 행동*의 일환으로 북부 출신 사람들이 자원봉사자로서 더 많은 유권자 등록을 조직하기 위해 미시시피에 갔다. 20년이 넘는 세월이 흐른 뒤에 제작된 영화 〈미시시피 버닝(Mississippi Burning)〉은 그 행동을 짓밟은 무력에 대해 이야기한다. 영화는 인권 운동가들이 만난 교회가 어떻게 불타 버렸는지, 지지자들이 어떻게 밤과 안개 속에서 KKK(Ku Klux Klan)단에 의해 구타당했는지를 보여준다. 당시 FBI와 수병들은 실종된 지지자 제임스 체니(James Chaney), 마이클 슈워너(Michael Schwerner), 앤드루 굿맨(Andrew Goodman)을 찾기 위해 44일 동안 늪지를 수색했다. 소송에 따르면 이 수색 과정에서 "우연히" 발견된 구타

* 프리덤 서머는 1964년 6월부터 8월까지 미국 남부 미시시피주에 거주하는 아프리카계 미국인들의 투표권, 정당 설립, 역사와 정치 교육을 도운 운동이었다. 대부분의 자원봉사자는 북부 대학의 백인 학생들이었다. 운동 기간에 흑인 주민들과 자원봉사자들에게 가해진 살인, 폭탄 테러, 납치, 고문 등 많은 장면이 TV를 통해 미국 전역에 보도되면서 처음으로 시민권 문제에 대한 국민적 관심을 집중시켰다. 이 운동은 미국 의회가 1964년 시민권법과 1965년 투표권법을 통과시키는 데 중요한 전환점으로 작용했다.

당한 흑인 희생자들에 대해서는 거의 아무도 관심을 두지 않았다.

1965년 2월 앨라배마주 매리언에서 있었던 투표권 시위 도중 26세 인권 운동가 지미 리 잭슨(Jimmie Lee Jackson)이 경찰의 총격으로 사망하자, 그에 대한 반응으로 시민권 운동은 같은 해 3월 7일 인근 마을 셀마에서 결집한 시위를 조직했다. 다시 한번 흑인은 비폭력 연좌 농성과 항의 행진(몽고메리로 향하는 행진 March to Montgomery)을 하면서 전력을 모았고, 조국의 운명에 자신의 이름을 올리기 위해, 우리 이전에도 있었고 이후에도 있을 이 세상을 위해 한 번 더 앞장을 섰다. 현장에서는 600명의 시민권운동가가 테러에 맞서 두려움을 견뎌야 했다. 존 바에즈(Joan Baez)는 〈우리는 극복할 것이다(We shall overcome)〉와 〈우리는 두렵지 않아(We are not afraid)〉를 불렀다. 용기와 분노가 함께했다. 이미 1950년에 아렌트는 다음과 같이 썼다. "너무 오랫동안 인류의 역사에서 배제되어 인간성, 아니 인간으로서의 존재감을 박탈당한 모든 이에게 『인류의 지속적인 연대기』, 즉 인류의 역사에서 정당한 자리를 보장해 줄 만인의 연대가 필요하다."

1965년 3월 7일 앨라배마주 방위군이 평화적인 항의 행진을 무차별적 무력으로 저지한 피의 일요일(Bloody Sunday)과 린든 B. 존슨 대통령이 투표권법에 서명한 1965년 8월 6일 사이에 남부 흑인의 (사실상 없었던) 투표권에 관한 논쟁은 공화국 전체를 흥분시켰다. 하원 및 상원 의원석,『뉴욕 타임스』의 헤드라인, 사적인 저녁 파티, 온 세상 사람들까지. 또한 이 투쟁에는 막 유럽에서 탈출한 유대인들이 최전선에 섰다. 1963년 버밍엄에서 워싱턴까지 가는 항의 행진에서 1937년 35세의 나이로 미국에 온 미국유대인위원회 의장이자 랍비 요아힘 프린츠(Joachim Prinz)는 불평등과 불의가 수치이자 불명예이며 "미국인의 위대한 이념"인 평등을 조롱하는 거라고 미국 본토 억양으로 (미국인인 것처럼) 공포한다. 프린츠는 나치가 통치하던 베를린에서 배운 것은 광신주의와 증오가 결정적인 것이 아니며, 가장 모욕적이고, 가장 비열하고, 가장 비극적인 것은 침묵임을 강조했다.

한편 셀마에서는 뉴욕 유대인 신학대학원의 랍비 아브라함 조슈아 헤셸(Abraham Joshua Heschel)이 행진의 제1열에 있는 마틴 루터 킹 옆에서 걸어갔다. 헤셸은 바르샤바에서 태어나 1933년 훨씬 이전에 베를린에 소재한 유대문화과학대학을 다녔다. 자신은 독일에서 탈출에 성공했지만 가족들은 대부분 나치에 의해 살해당했다. 그는 이스라엘이 홍해를 건너는 것은 흑인이 대학 캠퍼스를 가로질러 걸어가는 것에 비하면 산책 수준이라고 말했다. 뉴욕 태생의 역사가이자 유대인 이민자 딸인 애티나 그로스먼(Atina Grossman)이 말했듯이, 당시 저명한 아이비리그 대학들이 아직은 유대인에게 폐쇄적이었을 때 유대인은 흑인 대학의 교수로서 환영을 받았고 중요한 역할을 했다.

전국 각지에서는 물론이고 젊은이의 유행가에서도 당시 시민권 운동은 반전 운동과 점점 더 연대하는 양상을 보였다. 한나 아렌트가 엘리슨에게 보내는 편지를 받아쓰게 하기 8일 전인 1965년 7월 21일, 거의 녹음되지 않았던 노래 한 곡이 뉴욕에 등장하여 서방세계의 해적 방송국을 정복했다. 곡명은 〈파멸의 전야(Eve of destruction)〉. 대히트였다. "동방세계는 폭발 중이야." 배리 맥과이어(Barry McGuire)는 이렇게 노래했다. "붉은 중국의 온갖 증오를 생각해 봐! 그리고 앨라배마주의 셀마를 둘러보렴!"

셀마와 중국. 특히 커가는 대의민주주의의 혼선에 반대하는 저항가. "너는 죽일 수 있는 나이지만 투표는 못 해." 이를 진단하면, 타인에 대한 존중이 무너진 곳에서는 데모와 연좌 농성도 아무런 소용이 없었다. 그래서 시민권 운동과 반전 운동은 둘 다 이제부터 대표되지 않은 사람들을 고려해야 하고 고려할 수 있다는 정체성과 정치를 드러냈다. 공화국도 마찬가지였다. 시위와 선거권법의 결과로 미시시피주에서 흑인 선거권자의 지분은 1963년 7%에서 1968년 59%로 상승했다. 하지만 그것은 새로운 가능성의 시작에 불과했다.

14. 가능성

"우리는 서로 다르지 않아요. 우리에게는 가능성이 있죠." 토니 모리슨이 한때 도전적이고 의기양양하게 말한 적이 있다. 가능성은 희박했지만 꼭 가능해야 한다는 절박감. 그러나 소설 『빌러비드(Beloved)』에서 여주인공은 가능성이 없는 어느 흑인의 현실을 이렇게 묘사했다.

> 백인은 마음만 먹으면 네 전부를 빼앗을 수 있어. (...) 너를 학대하고, 죽이고, 불구로 만들 뿐만 아니라, 더럽힐 수 있어. 그래서 심지어 (...) 네가 누군지 잊어버리고 삶을 더는 살아갈 수 없을 만큼 철저하게.

토니 모리슨은, 흑인이라는 사실이 자랑스럽게 여겨지고 백인은 도덕성을 이유로 경멸받는 환경에서 성장했다. 그는 어떻게 면역이 되었는가? 그의 부모가 "오로지" 서로 의견이 갈리는 지점은 백인의 "도덕성 기질"을 개선할 수 있는지의 여부였다. 집과 거리에서 흑인을 몰아내기 위한 방화는 드문 일이 아니었다. 모리슨은 예전에 부모가 월세 4달러를 체불했을 때, 집주인이 집에 불을 질렀던 일을 회상한다. 그는 집주인을 이렇게 설명했다. 4달러 때문에 즉각 "지글지글 기름에 튀기듯이" 발병하는 악의 히스테리 중의 하나라고. "그렇게 부조리하고 전례 없는 잔인성이 담긴 에피소드를 웃어넘겼다. 웃다 보니 제정신을 차리게 되었다."

다 같이 웃는 것을 포함하여 웃음이란 얽힌 마음을 풀어줄 수 있다. 그러한 폭행 상황에서 풀린다는 것은 이미 많은 것을 의미한다. 볼드윈은 궁극적으로 흑인에게 가해진 잔인성은 거의 과장된 것이 아니라고 생각했다. 대부분의 인터뷰에서 그는 미국에서 얼마나 많은 흑인이 일상적인 폭행으로 목숨을 잃었는지 지적했다. 이것이 그토록 많은 젊은이가 평화적 저항에 국한하지 않고 (인종 차별의) 블랙 파워 운동에 열중한 이유이다.

이 땅에 검둥이로 존재하면서 비교적 자의식 있게 산다는 것은 대부분 항상 분노의 상태에서 사는 것을 말한다. (...) 그리고 그 분노의 일부는 당신에게 일어나는 일뿐만 아니라 당신 주변에서 벌어지는 모든 일, 심지어 이 땅에 사는 백인 대부분의 가장 비정상적이고 가장 범죄적인 무관심과 무시의 시선에서 벌어지는 모든 일과 연관한다.

분노와 증오. 22살이었던 볼드윈은 어느 인터뷰에서 자신보다 두 살 위인 가장 친한 벗이 조지 워싱턴 다리에서 뛰어내렸을 때, "다음은 내 차례일 것 같다"고 말했다. 절망감에서. 그리고 가난함에서. 갖은 무시와 사소한 시비(클라우디아 랭킨Claudia Rankine), 크고 작은 일상의 수많은 메스꺼운 일을 포함하여 기능장애 속에 시달리는 이 인생. 무엇보다도 매일 어디서나 이유를 불문하는 국가 폭력이 거듭되었다. "당신의 세계는 분노의 붉은 원으로 좁아진다. 그리고 당신은 모두를 미워한다. 즉, 미움이 당신 앞에서 멈추지 않자, 당신은 스스로를 미워하기 시작한다. 그런 일이 발생하면 당신은 끝장이다." 볼드윈은 젊은이가 블랙 파워 운동에 참여했다고 해서 그를 나쁘게 볼 수 없다고 생각했다. 그러나 볼드윈은 그들의 인생만큼이나 모순으로 가득 찬 조언을 건넸다. "당신이 백인에게 돌진한다면, 다른 이유가 아닌 오로지 당신의 영혼을 위해서죠. 그를 미워하지 마세요. (…) 우리가 그들보다 나은 사람이도록 해봐요." 그는 계속 말을 이어갔다. "당신이 그들을 증오할 필요는 없어요. 우리는 자유로워야 해요." 볼드윈의 글은 음악과 같다. 복음성가의 한마디처럼, 리듬이 있는 그의 언어는 듣고 읽을 때면 기억에 즉시 새겨진다. 당신이 그들을 증오할 필요는 없어요. 우리는 자유로워야 해요(You have'nt got to hate them, though we do have to be free).

자유의 이념은 깨어 있어야 했다. 자유의 이념은 분노가 커짐에 따라 (백인)정치인이 화해의 언어를 써가며 흑인에게 오랫동안 요구한 시민권을 마침내 부여했지만 실제로 흑인이 백인의 대열에 들어올 수 있도록 조치를 취하지 않은 곳에서 너무 쉽게 망각에 빠진다. 흑인에 대한 경찰의 공격을 막기 위해 누구도 법적 수단을 사용하지 않는 곳에서도 그렇다. 흑인에 대한 폭행으로 기소된 백인이 여전히 뻔뻔하게 쉴 수 있는 법정에서도 그렇다. 흑인이 세입자 권리를 전혀 요구할 수 없는 곳에서도 그렇다.

흑인 청년들이 봉기했다. 그러자 겉으로는, 1957년 재선에 성공한 아이젠하워 대통령이 취임 연설에서 하나님이 인종, 출신, 신분과 상관없이 모든 시민을 대표하는 흑인 청년들의 편에 있기를 기도했고, 존슨 대통령이 미국 흑인의 문제는 또한 "우리 문제"여야 한다고 공포했으며, 존 F. 케네디와 린든 B. 존슨은 재임 기간에 수많은 흑인 대표자를 영접했다. 하지만 동시에 언급된 이 대통령들은 FBI가 흑인을 감시하고 비폭력 저항 운동의 평판을 떨어뜨리기 위해 비밀리에 캐낸 정보를 바탕으로 대중에게 마틴 루터 킹의 연애사에 관한 정보를 대충 흘리는 것 또한 허용했다.

존슨 대통령도 1965년 흑인이 다니는 하워드(Howard)대학교 연설에서 차별 철폐 조처의 필요성과 여러 세기에 걸쳐 이어져 내려온 노예제도의 유산을 극복하고 "오래된 폭력, 과거의 불의, 현재의 편견이 남긴 깊은 상처"를 치유할 시점이라고 말했다. 그러나 그 일을 수행할 말과 기수의 이름은 언급하지 않았다. 즉, 최고의 자리에 있는 그 누구도 흑인과 원주민의 노예화 및 추방에 대해 용서를 구하지 않았고, 누구도 청산위원회 같은 조직을 주도하지 않았으며, 누구도 긴급히 필요한 사회 변화를 비판적이고 구체적인 조치로 수반할 수 있는 제도화된 라운드 테이블을 창안하지 않았다. 아렌트가 요구한 것처럼, 아마 이것이 결정적인 일일 텐데, 흑인의 권리 행사를 보장할 대책본부조차 조직하지 않았다. 엘리슨이 인터뷰에서 말했듯이, 미국인은 역사에 대해 거의 생각이 없으며, 역사를 외면한다 해도 그 결과에 직면할 필요는 없을 거라는 생각 속에 살아왔다. 당시의 각종 문건을 들여다보면 누구나 문화의 간극과 또한 이 간극을 유지하려는 많은 백인의 노력을 느낀다. 이런 관점에서 아렌트도 흑인의 현실과 가능성에 관심을 두지 않은 한 "백인"일 뿐이다.

심해지는 빈곤, 실업, 절망에 맞서 1964년 할렘에서 소요가 발생했다. 그와 더불어 늘 경찰의 과잉 대응으로 점화되는 '흑인의 생명은 소중하다(black lives matter)'와 관련한 흑인 폭동이 북부에서 시작되었다. 빈곤, 구조적인 폭력, 실업에 반대하는 항의 시위에는 종종 폭동, 약탈, 방화가 수반되었고, 사망자와 부상자가 속출했다. 지난 수십 년간의 투쟁에도 불구하고 북부에서의 흑인들의 삶이 근본적으로 얼마나 법의 보호를 받지 못했고 비참했는지에 대한 절망감이 드러났다. "제3세계"에서 시작된 해방 운동의 투쟁이 와츠(Watts)나 브루클린(Brooklyn)의 거리로 옮겨붙고 있었다.

"폭동은 들어보지 못한 사람의 언어"라고 마틴 루터 킹은 1966년에 언급했다. 그는 폭동을 원하지 않았지만, 그렇다고 비참함이나 절망이 계속되기를 원한 것도 아니었다. 1968년 4월 그가 시카고에서 암살됐을 때 이에 대한 "대답으로" 170곳의 도시가 불에 탔다.

경찰은 범죄와의 전쟁이나 법적 보장 대신 폭동을 통제하는 데만 전력을 쏟았고, 정치 대표자들은 흑인과 엘리슨의 주장을 인정하지 않았다. 그들은 공화국이 그저 (백인의) 재산이 아니며, 가능성의 나라는 백인들이 그들의 소유물을 나누는 경우에만 비로소 이루어질 수 있다는 사실을 깨닫지 못했다.

15. 경험

역사학계의 거목 윌리엄 에드워드 버가트 듀 보이스 (William Edward Burghardt Du Bois)는 1868년 매사추세츠에서 태어나 흑인으로는 처음 하버드대학교에서 박사학위를 받고 라헬 파른하겐과 유사하게 일찍이 흑인의 이중의식을 분석했다. 소위 "타인의 눈을 통해서만 자신을 인지하는 느낌, 속세의 조롱이나 연민의 기준을 자신의 영혼에 갖다 대는 느낌." 랠프 엘리슨의 보이지 않는 지하실 인간은 이런 이중의식에 대한 문학적 형상물이었다.

W. E. B. 듀 보이스는 주목을 받던 셀럽이었다. 적극적인 행동파인 그는 항상 흑인 문제를 위해 뛰었으며 지인들 가운데 막스 베버(Max Weber)와 교류하기도 한 희대의 역사가였다. 처음으로 독일에서 공부했던 1892년부터 1894년 사이에 듀 보이스는 앞뒤로 살았던 많은 흑인 아프리카인들의 경험을 추체험했다. 그는 고국보다 유럽에서 훨씬 덜 흑인이고 훨씬 더 미국인이라는 것을.

나는 미국이라는 세상의 울타리 밖에서 그 안을 들여
다보았다. 내 주변에 백인인 학생, 지인, 교사 중 누구
도 나를 호기심의 대상이나 인간 이하의 존재로 쳐다
보기 위해 잠시 멈춰 선 적은 없었다. 간단히 말해 나
는 특권이 있는, 그들이 신과 세상, 특히 내가 온 세
상의 일부에 대해 기꺼이 (...) 대화를 나누고 싶어 한
대학생이었다.

유럽을 여행하면서 그는 고국에서도 피하지 못
한 저주를 잠시나마 모면했다. 듀 보이스는 선명한 정
치적 비전을 지니고 있었다. 그는 자신의 국가에서든
아프리카로의 귀환을 통해서든 흑인 차별 정책에 반
대했고, 동화 정책, 즉 미국 사회에서 지배적인 기준
과 이상적인 이미지에 맞추는 정책에 반대했다. 그가
1905년에 공동 창립한 나이아가라 운동의 중심에는
모든 법적 차별을 종식하고 시민권과 자유를 부여하
라는 요구가 있었다. 그의 투쟁 구호는 "모든 사람이
즉시 투표할 수 있는 권리!"였다. 그의 목표는 미국뿐
만 아니라 전 세계에서 흑인에 대한 이미지와 자아상
을 크게 변화시키는 것이었다. 19세기를 결산하기 위

해 개최된 1900년 파리 만국박람회를 계기로 듀 보이스는 다른 흑인 대학 동료들과 함께 "유색인종 미국인"의 삶을 다룬 전시를 주도했다. 족히 500여 장이나 되는 사진은 나비넥타이와 턱시도를 걸친 사내, 일요일 나들이복을 입은 여인, 노동자와 수공업자, 목화밭에 있는 사람들뿐만 아니라 그랜드 피아노와 불도그를 거느린 빅토리아 시대풍의 가족과 같은 인생의 한 장면을 보여주는 것 같았다. 노예제도가 공식적으로 폐지된 지 30년이 지난 후, 손으로 채색한 60개의 게시판은 흑인 사회의 개선에 대한 근거 있는 통계 정보와, 추가적으로 "가장 암울한" 조지아주의 상황에 대한 별도의 연구 또한 제공했다. 세간의 이목을 끌기에 충분했다.

모든 인종주의에 전쟁을 선포한 듀 보이스는 아들이 디프테리아에 걸려 어떻게 죽는지를 지켜보아야 했다. 그가 찾아간 흑인 의사는 디프테리아를 치료할 능력이 없었고, 백인 의사는 흑인 환자를 받지 않았다. 제2차 세계대전이 끝난 후 1949년 80세의 나이에 그는 두 번째 유럽 여행길에 올라 파리와 모스크바(공산주의 영향을 받은) 평화회의에서 연설하고, 파괴된 바르샤바에 당시 막 건축된 게토 기념비를 방문했다. 아마도 (공산주의) 잡지 『유대인의 삶』은 유대인 말살 흔적과의 직접적인 대면이 듀 보이스에게 얼마나 강한 인상을 주었는지 들었을 것이다. 그 잡지는 몇 년 후 그에게 봉기 기념일에 강연을 의뢰했다. 강연은 흑인, 유대인, (백인?) 노동자계급에 모두 호소해야 했다. 그래서 그는 논문 「검둥이와 바르샤바 게토」에서 인종 차별은 "단지" 피부색(color line)의 문제가 결코 아니라는 것을 바르샤바 방문 중에야 경험하게 되었다고 썼다.

주관적 판단을 위해 외부의 경험을 활용한다는 아이디어는 엘리슨의 문학관과 아렌트의 정치적 판단 이론의 기본이다. 아렌트는 올바른 판단을 위해 동일한 문제를 다양한 관점에서 살펴봐야 한다고 적고 있다. 개인의 의견에 따라다니는 타성과 편견을 분리해야 한다고. 이를 위해 자신의 행위, 말, 생각에 타인의 관점과 통찰력을 관련시킨다. 그러면 칸트가 말했듯이 상상력과 "사고방식의 확장"을 수단으로 개인의 의견에 영향을 미치는 "주관적인 개인 조건"을 모조리 극복할 수 있다. 칸트가 그랬듯이, 우리는 상상력 덕분에 우리의 현존과 거리를 둘 수 있다. 비유해서 말하면, 우리를 찾아온 상상력이 사고방식의 확장을 가르치는 셈이다.

그와 같이 다른 많은 사람이나 천차만별의 의견을 가진 사람과 차이를 극복하는 일은 아렌트에게 성공적인 이해의 대화의 일부라고 할 수 있다. 이를 염두에 두고 아렌트는 1965년에 '20세기 정치적 경험'이라는 제목의 대학 강좌도 개설했는데, 이 강좌에서는 이론을 유예하고 경험에 우선권을 줄 것을 명확히 요구했다. "…모든 이론을 잊어버려요. 우리는 역사의 이 시기를 대표로 기록하기 위해 직접 체험하기를 원합니다."

아렌트는 역사를 "우회하는" 대신 "사건들이 인간에게 어떤 영향을 미쳐서 그들의 삶을 형성했는지 그 방법에 관심을 두었다." 독서를 통해 대학생들은 지금 이곳에서 이전 시대와 다른 세상과 세계관을 여행한다. 이에 부합하여 제1차 세계대전부터 제2차 세계대전 이후까지 유럽을 순회하는 세미나의 도서목록은 이론이나 역사 논문이 아닌 소설, 시, 산문, 수필로 구성되었다. 에른스트 윙거, 한나 하프케스브링크 (Hanna Hafkesbrink), 윌리엄 포크너가 예정되었고, 브레히트, 예이츠, 사르트르, D. H. 로렌스는 물론 말로, 카뮈, 오웰, 솔제니친, 르네 샤르도 있었다.

1950년대의 미국은 이 세미나의 경험공간에 들어오지 않았고, 우리는 한나 아렌트가 당시의 시공간을 보여줄 로버트 펜 워렌의 『누가 검둥이를 대변하는가』를 도서목록에 넣었는지 알지 못한다. 워렌의 저서에서 흑인이 발언권을 갖고 있었어도, 그것은 (재차) 백인 남부인이 정한 틀 내에서만 가능했다. 분명히 아렌트는 볼드윈의 책과 『누가 검둥이를 대변하는가』에서 흑인의 경험을 따라갔고, 흑인 문제에 대한 자신의 경험이 얼마나 부족한지 잘 이해했던 것 같다. 노예제도의 유령이 계속해서 공화국의 모든 지체에 스며들었다. 이 유령은 사라지지 않았으며 모든 사람의 언어력의 일부, 세상의 일부마저도 도둑질했다. 그것도 일종의 경험이었다.

16. 각각의 정체성

엘리슨에게 편지를 쓴 1965년에 아렌트는 "자신이 저지르지 않은 행동에 죄책감을 느끼는 것은 불가능하다"고 썼다. 그러나 전후 독일인은 이 명제, 이른바 "우리 모두가 유죄다"라는 말을 반복해서 들었다. 아렌트는 처음 "우리 모두가 유죄다"라는 말을 들었을 때 "매우 품위 있고 매혹적인" 소리로 들렸다고 했다. 왜냐하면 이런 일괄적인 판단은 실제의 범죄자들, 즉 국가사회주의에서 테러를 자행하고 박해와 살해를 저지른 모든 사람을 면죄하는 데 주로 이용되었기 때문이다. 아렌트의 판단에 따르면, 모두가 죄인인 곳에서 실제로 유죄인 사람은 없다. 아렌트는 "우리 모두가 유죄다"라고 말할 때마다 모든 실제의 죄를 묻어버리는 "위선적인 감상주의", 즉 결과적으로 법의 심판대에 세우지 못한 실제 가해자와의 "연대 선언"으로 이어진다고 말한다. '집단 책임' 강의에서 언급했듯이 아렌트는 미국에서 백인이 유죄를 고백하는 장면에서 그와 유사한 은폐를 보았다. 그에 대해 복잡하고 애매한 글 한 편이 있다.

그래서 미국의 선량한 백인 자유주의자는 흑인의 정당한 불만에 대해 거의 만장일치로 "우리 모두가 유죄다"라고 외치며 대응했고, 블랙 파워 운동은 백인 전반에 대한 비이성적인 흑인의 분노를 선동하기 위해 이 "고백"을 이용했다.

이 말은 무슨 뜻인가? 간단히 말해, 백인이 집단의 죄를 고백하면서 폭동을 선동한다는 것인가? 그리고 이 대목은 아렌트의 생각에 분노는 정치에서 불량한 조언자이기 때문에 블랙 파워의 폭력성이 흑인의 합법적인 불만을 받아들여지지 못하게 한다는 것을 의미하는가? 다시 글로 돌아가 보자.

이제, 모두가 유죄인 곳에서 유죄인 사람은 없다. 즉, 불공정을 끝을 수 있었으나 그렇게 하지 않은 것에 실제로 죄가 있거나 책임이 있는 사람이 발견되는 것을 막기 위해 집단적으로 죄를 인정하는 것보다 더 나은 보호책은 없다.

이 대목에서 문제는 죄의 귀속이 아니라 고백이

다. 백인은 집단적인 유죄 인정으로 도피하면서 마침내 불공정 해소에 대한 흑인의 요구로부터 면죄부를 받는다. 그런 뜻이 글에서 계속 읽힌다.

이 특별한 경우에 인종 차별이 더 고도화되어 그것이 별로 감지되지 않는 지역으로 위험하게 연막처럼 퍼지는 것이 문제다. 흑인과 백인 사이의 큰 간격은 집단적 무죄와 집단적 유죄 사이의 근본적으로 풀리지 않는 갈등이라는 관점으로 이해한다고 해서 메워질 수 없다. "모든 백인이 유죄다"는 위험한 넌센스이자 다른 인종주의의 전조다.

이 대목은 많은 것을 함축하고 있다. 한나 아렌트의 눈에도 인종 차별은 일종의 지배 도구였다. 백인은 백인으로서 집단의 죄를 인정함으로써 예전에 흑인을 억압하기 위해 개발했던 인종차별주의에 계획적으로 충성심을 유지한다. 왜냐하면 그런 집단 인정은 형사 소추의 부담을 덜어주기 때문이다. "죄인"은 백인으로 남아 있으며 자신의 손에 백인 우월주의의 지휘봉을 쥐고 있다. 지나치게 오랫동안 살펴보지 않았던 기묘

한 현상이다. 매번 "우리 백인은 유죄다"라고 주장하면서 생기는 문제는 백인이 자신을 다원화하고 자신의 생각과 행동을 원주민과 흑인에게 개방하기 시작하는 것, 즉 대화를 통한 비판적인 백인주의의 탄생을 교란하는 것이다.

(다른 인종주의의 전조라고 느낀) 마틴 루터 킹은 흑인의 매우 구체적인 불만과 합리적으로 정당화된 감응(感應)을 대체하는 대상물이나 행동에 대한 배출구를 연다. 그것은 흑인이 무언가를 성취할 수 있는 현실에서 벗어나게 하는 데 매우 효과적인 방법으로 작용한다.

백인의 계속되는 인종차별은, 우리 백인은 모두 똑같이 유죄라고 말하면서 흑인에게 겸손한 태도를 보이지만, 실제로 백인은 "백인"으로 남는 것이지 모두를 대표하지 않는다. 아렌트의 시선에 이러한 형태의 죄의 고백은 모든 사람이 현실에서 "무언가를 성취하는 것"을 방해하기 때문에 실제로 정치 행위를 대체하는 것이다. 즉, 죄의 고백은 서로의 관계를 정말 영구적으로 재형성할 수 있는 위치에 옮겨놓는 것을 방해한다. "백인"은 끼리끼리 남는다. 진짜 죄에 대한 질문, 각각의 개인이 실제로 어떤 죄를 지었는지에 대한 질문은 요란한 것 같지만 공허했다.

아렌트가 볼 때 집단의 죄는 없다. 죄는 간단히 말해 언제나 개인의 행동과 연결되기 때문이다. 그래도 집단의 책임은 있다. 한편으로는 과거의 행위를 회고하고, 다른 한편으로는 공동의 역사를 잊지 않으면서 미래 공동체의 회복을 기획할 책임이. 아렌트는 집단의 책임이 아무것도 없는 것으로 태어나는 것이 아니라 공동체로 태어나기 위해 지불하는 대가라고 말한다. 그리고 이러한 집단의 책임을 주장하기 위해 한편으로 노예제도의 유산에 대한 책임 있는 처리 방식을 모색했고, 다른 한편으로 새로운 공동의 정치적 "약속"을 찾아내려고 했다. 그는 "약속"을 "인간 스스로 미래를 결정하고 예측 가능하며 신뢰할 수 있게 만드는 방법"이라고 정의했다. 모든 사람의 각각의 정체성을 지켜줄 수 있는 예측 가능하고 신뢰할 수 있는 미래.

그러나 계속되는 아렌트의 논증의 다른 측면 또한 고려해야 한다. 모든 백인이 유죄인 경우에(그렇다면 모든 흑인은 무죄?) 흑인의 무력함에 대한 생각이 적어도 머릿속에서는 떠나지 않고 있다. 그는 흑인이 어쨌든 아무것도 이룬 적이 없고 오늘날에도 여전히 아무것도 이룰 수 없을 것 같은 현실을 들여다보고 있다. 집단으로서 죄를 고백하는 것은 아렌트의 관점으로 보면 "집단"의 인종 차별을 당연하게 하는 것이었다.

아렌트가 읽은 인터뷰에서 랠프 엘리슨은 "인종 관계의 인간적 측면"은 강하지만, 정치, 사회, 이데올로기 인식이 현실을 지배하는 곳곳에서 붕괴 중인 인간관계의 위험성을 아주 분명하게 경고했다. 엘리슨은 "그렇게 되면 인간이 가진 에너지 대부분이 우리의 형식적인 정체성을 유지하는 방향으로 흘러간다"고 했다. 정치, 사회 투쟁이 막힌 곳을 문화 투쟁이 대체하면서, 정신은 정체성 문제에만 몰두한다. 그래서 실제 흑인 운동에서는 출신(아프리카)의 힘과 종교(이슬람)의 힘을 언급하는 목소리가 점점 더 커졌다. 흑인은 분리되었다. 그들 가운데 일부는 처음에는 이스라엘 건국과 관련하다가 나중에는 승리한 해방 운동을 소환하면서 자치 연방 국가의 건국을 옹호했다. "정글"(모리슨)과 같은 내면화된 백인의 시선을 마침내 뿌리치기 위해서 흑표범단(Black Panther)과 흑인무슬림(Black Muslims) 내부에도 여러 집단이 생겼던 듯하다. 이 집단들은 일종의 도치법, 즉 흑인을 신이 선택한 민족으로, 백인을 소수자와 열등자로 보는 것 같았다. 아렌트가 인용한 진술에 따르면 백인은 "흑인을 지도자"로 모시고 백인종의 몰락에 순응해야 했다. 학생비폭력조정위원회(SNCC)의 임원들도 분리를 모색했다. 로버트 모세스(Robert Moses)가 작성한 문서「블랙 파워의 기초(The Basis of Black Power)」는 인종차별주의로 비난받을 소지가 있지만 앞으로 흑인 운동에 지침이 될 만한 내용을 담고 있었다. 흑인은 시민권, 즉 전단지를 배포하거나 투표를 하러 가거나 정당을 조직할 권리를 갖게 되었기 때문에 이제 자신의 운명을 스스로 결정해야만 한다. 마치 구체적인 행동이 중요하며 흑인을 일반적인 합의로 통합시켜야 한다는 아렌트의 숙고를 읽은 것처럼, 대학생들은 흑인 해방에 참여하려 하고 사회 변화를 모색하는 모든 백인에게 호소했다. 흑인이 공동체, 백인 공동체 내에서 인종차별주의에 승리할 때가 왔다고. 백인이 과거에 인권 운동에서 중요한 역할을 했음은 의심의 여지가 없고, 심지어 미시시피에서는 흑인의 단결권을 얻기 위한 투쟁에서 핵심적인 역할을 했다. 그러나 이제는 흑인이 자신 안에 있는 백인의 시선을 포함하여 모든 백인의 시선을 버려야 할 때였다. 백인이 있기 때문에 흑인은 검은 사람으로 남았다. 이는 바뀌어야 한다. 또 다른 점을 더 말해보면, 백인이 계속 흑인 대열에서 투쟁한다는 것은 흑인의 싸움을 통해서만 어떤 변화가 일어날 수 있다는 일종의 가부장적 권한을 의미한다. 하지만 모든 사람이 공화국의 미래에 책임이 있고, 그래서 백인은 이제부터 백인 사이에서 정치적 영향력을 행사해야 한다. 소위 흑인 문제는 사실 공화국의 문제였다.

1960년대에는 특히 흑인을 위한 다채로운 지원 프로그램과 적극적 우대 조치(affirmative actions)가 생겨났다. 이를테면 소수인종의 시험 성적이 다른 지원자의 성적에 미치지 못하더라도 단과대학이나 종합대학에 입학할 수 있는 할당 제도가 있었다. 아렌트는 이런 규정에 반대했다.

일반적인 시민권에 대한 열광은 평균 성적도 따라가지 못해서 자신만의 전공('흑인학')을 요구하는 더 많은 흑인의 통합으로 이어졌다. 달리 말하면 그들은 입학 자격 제도를 통제해서 자신의 수준으로 조정하기를 원한다.

이것은 생뚱맞게 범박한 진술이다. 이미 1946년에 뉴욕의 사회연구 뉴스쿨(New School for Social Research)은 모든 원하는 학생에게 '아프리카계 미국인의 문화와 역사' 전공을 제공하고 있었다(강사진: 스털링 브라운, W. E. B. 듀 보이스, 알랭 로크Alain Locke). 1960년대 말에 흑인 조직이 오직 흑인만을 위해 '흑인학'을 요구했다고 한 것은 일부 맞지만 모두 맞는 것은 아니다. 아렌트는 당시 모든 종류의 특권을 의심스럽게 보았던 터라, 이 대목에 대한 그의 논조도 의심스럽다. 분명 아렌트는 미국 역사의 이러한 맹점에도 눈을 감았다. 당시 누구나 말하던 역사적 변화의 의미에서 학문을 개방하고, 새로운 연구를 시도하며, 흑인과 아메리카 원주민의 역사를 기존 학문에 통합하는 것은 매

우 필요했다. 물론 이런 지식은 대학이나 고등학교의
커리큘럼에, 특히 인문학과 관련한 과목에 꼭 있어야
했다.

17. 사과

편지란 만남을 미루는 것이다. 한나 아렌트가 랠프 엘리슨에게 보낸 편지도 일종의 연기였다. 한편으로는 엘리슨의 사상 및 경험 세계와 계속되어 온 논쟁을 연기하는 것이었다. 그래도 서로가 공통점을 발견하거나 구하지 않았다면 결국 편지를 쓰지 않았을 것이다. 다르게 보면, 편지는 어쩌면 자신과의 약속을 미루는 것일 수도 있다. 이 스무 줄의 글을 읽다 보면, 아렌트가 흑인과 여러 낯선 경험을 하고 지난 몇 년간 다양한 만남과 독서를 하면서 그 결과나 여운이 드러난 듯한 인상을 받는다.

종합적으로 아렌트의 목소리는 본성에서 나왔다고 볼 수밖에 없다. 그의 사고 과정은 너무나 취약하지만, 그의 판단은 보통 사람보다 너무나 강고하다. 그의 편지는 아마도 수취인과 자신, 두 사람 모두에게로 향한 일종의 임시 결정문, 즉 보증금과 같았을 것이다. "어쨌든 저는 잘못을 인정합니다. 무자비한 폭행, 신체의 본능적인 불안을 이해하지 못했다는 기분이 들어요"라고 편지에는 적혀 있다. 일종의 사과라고 볼 수 있다. 그런데 이 사과에서 우리는 무엇을 추론할 수 있는가?

그 편지를 보면, 아렌트는 「리틀록 사건을 돌아보며」가 실제로 흑인에 대한 "무자비한 폭행"과 "신체의 본능적인 불안"에 대해 눈과 귀가 되어주지 못함을 인정하는 것 같다. 여기서는 차가운 무심함이 문제인가 아니면 일종의 자제력이 문제인가? 그는 무심함이 현실에서 "두려움을 불러일으키는" 일임을 알고 있었다. 그의 정치적 사고는 비록 그 나름의 방식이기는 하지만 분명히 직면한 상황에 "관련하고 있다."

역사는 우리에게 미국의 양당제에서 소수가 정치적 발언 공간을 갖는 일이 거의 불가능함을 가르친다. 인권 운동과 반전 운동 과정에서도 경험한 일이다. 예를 들어 미시시피자유민주당(MFDP)의 단명에 그친 정치활동에서 볼 수 있었던 것처럼 이전에 대표를 낼 수 없었던 사람들의 새로운 참여를 위해 정치 체제의 문호를 개방하는 일은 당시 집권 세력에게 굉장히 어려운, 아니 상상도 할 수 없는 일이었다. 많은 남부 주와 마찬가지로 미시시피에서도 흑인이 인구의 40%를 차지했음에도 불구하고 1964년 민주당 의원이 될 수 없었기 때문에 자유의 여름 행동에 따라 (흑인을 위한) 위성 민주당이 창설되었다. 이 당은 승인을 받으려는 부푼 희망으로 1964년 8월에 민주당 연방대회가 개최된 애틀랜틱시티에 대표단을 파견했다. 그곳에서 대표단은 미시시피주 대표 의석의 일부 인정을 요구했다. 그러나 당시 다수가 민주당을 선택했던 남부 주에서 백인 표의 상실을 두려워한 나머지 민주당 대표 린든 B. 존슨은 자유민주주의자에게 원외 두 석만을 승인했다. 일종의 적선. 흑인은 자리를 박차고 나갔다. 시민권이 부여됐음에도 불구하고 인종 차별은 시멘트처럼 굳어 있었다.

경직되어 버린 양당 체제를 계속해서 무너뜨리고 정치 체제에서 배제 위협을 받는 모든 사람을 위한 새로운 정치 대의 구조를 찾기 위해 아렌트는 1970년 어느 변호사 학회에서 '법은 죽었는가?(Is the Law dead?)'라는 제목의 강의를 통해 미국 헌법에 시민 불복종 권리의 수용을 요구했다. 전형적인 아렌트식 이념이라고 할 수 있다. 그는 다음과 같은 조건을 말했다.

시민 불복종은 상당수의 시민에게 전통적인 변화의 수단이 더는 열려 있지 않거나, (...) 반대로 정부가 변화를 추구하는 과정에 있다는 확신에 도달했을 때, 아니면 정부의 적법성과 합헌성에 심각한 의심이 끈질기게 제기될 때 발생한다...

미국의 전통에서 그리 낯설지 않은 시민 불복종의 권리는 아렌트 정치 이론의 새로운 구성요소였다. 한편으로 그는 그러한 권리의 도입을 체제적으로 배제된 소수자들의 정치적 참여 보장으로, 다른 한편으로 반민주적인 사익을 위해 공화국을 탈취하려는 모든 시도에 대한 보장으로도 보았다. 체제의 허점들이 고려되어야 했던 것이다. 그러나 아렌트는 또 다른 것을 추가하고 싶었다. 그가 매우 정확하게 상술했듯이, 그의 시선에 과거의 정치는 모든 시민에게 법을 준수하도록 보장하는 과제를 완수하지 못했다. 왜냐하면 정치는 명백히 위헌적인 몇몇 주의 인종차별법, 즉 바로잡아야 할 노골적인 불의에 반대하는 조처를 취하지 못했기 때문이다.

법이 아니라 시민 불복종(마틴 루터 킹에 따르면 인권
운동가의 시민 불복종)이 "미국의 딜레마"를 드러내면
서 아마도 처음으로 국가는 단순히 노예제도만이 아
니라 "문명체제에서 유일무이한" 예속신분이 야기한
엄청난 범죄의 외연을 깨달았다.

  "유일무이"란 무슨 말인가? 각주에서 아렌트는
위의 인용문이 스탠리 엘킨스(Stanley Elkins)의 탁월한
연구에서 나온 것이라고 설명했다. 이 연구는 "미국에
서 노예 해방이 왜 그토록 파국적인 결과"를 가져왔는
지 처음으로 설명하고 있다. 엘킨스는 북미 노예제도
의 유일무이함을 조사하면서 남미와는 달리 미국 영
토에는 노예제도가 시작할 당시에 주인과 노예 사이
의 전반적인 재산 관계를 조정할 제도가 없었다는 사
실을 밝혀냈다. 버지니아나 조지아에서는 교회나 식민
통치자나 어떤 지역의 전통도 재산이 "궁극적으로 누
구의 것인지"에 대한 논리를 교란하지 못했다. 특히 아
메리카 원주민이 이 지역에서 추방되거나 살해되던 상
황이었다. 엘킨스의 연구는 몇 가지 대목에서 논란의
여지가 있었을지 모르지만, 아렌트에게 1970년 미국

노예제도의 "유일무이함"에 대한 통찰을 제공했다. 즉 흑인에 대한 "무자비한 폭행"의 역사적, 문화적 배경과 5년 전 편지에서 언급했던 "신체의 본능적인 불안"에 대한 혜안을 말이다.

문학과 음악은 거의 젖도 떼지 못한 노예 아이가 어떻게 엄마와 헤어졌는지에 대한 이야기로 가득했다. 성인 여자와 남자가 어떻게 분리된 공간에 빽빽이 들어가 살아야 했는지에 대한 이야기로 가득했다. 서로 사랑하여 심지어 함께 아이를 낳은 한 흑인 사내와 흑인 여인이 노예로서의 가치가 떨어지기 때문에 같이 살면서도 한 가족을 이룰 권리가 없다는 이야기로 가득했다. 아이의 아버지가 되는 것이 결코 허락되지 않은 사내들로 가득했고, 부모를 모르는 아이들로 가득했으며, 남편의 보호 없이 백인의 욕정에 무방비로 내몰린 여인들로 가득했다. 그리고 남자 노예들에게 남모르는 애틋함을 품었던 흑인 여자들의 이야기도 가득했다. 하지만 그 여자들은 자신을 보호하기 위해, 그리고 선택되면 어떤 남자든지 내일이라도 당장 팔려 갈 수 있다는 것을 알았기 때문에 그런 애정의 마음을 즉시 억눌러야 한다고 믿었다.

스탠리 엘킨스는 남미 노예제도의 잔인성과 그곳에서 지속된 인종차별에 대해 전혀 의심하지 않았다. 노예제도는 노예제도이며 인류의 범죄이다. 다만 엘킨스는 스페인 사람들에 의해 식민지가 되어 가톨릭의 영향을 받은 남아메리카에서 노예는 북미와 같이 전적으로 소유주의 재산이 되지는 않았고, 일부 지역에서는 비록 대부분 규모는 매우 작지만 법적 주체가 되기도 했으며, 일부 지역에서는 제한된 범위 내에서 규제된 여가 시간이나 한 필지의 토지를 소유하기도 했음을 발견했다. 노예 가족이 결혼식을 통해 교회로부터 어느 정도 보호를 받는 것은 드문 일이 아니었고, 일부 지역에서는 노예가 세례를 받았으며, 스페인 왕립 군대 복무에 등록하면 자유를 사거나 자유로워질 가능성도 있었다.

엘킨스는 그 연구물에서 미국 이외에 어느 곳에서도 노예제도가 전쟁으로 끝나지 않았다는 사실을 밝혀내면서 또 다른 금기를 깨트렸다. 우리는 엘킨스의 저작에서 노예 폐지론자들이 "선량한 일"을 그토록 비타협적으로 주장한 곳은 없었을 뿐만 아니라, 미국의 내전만큼 화해 없이 승리를 목표로 삼은 곳도 없었음을 읽어낼 수 있다. 노예 소유자의 논리에 따르면 노예제도의 폐지는 몰수와 동일하기 때문에, 예를 들어 대영 제국에 거주하는 이전의 노예 소유자는 보상금을 받았다. 거기에는 노예를 위한 보상에 대해서는 일체 언급이 없었기 때문에 이는 불공정한 일이었다. 제3자의 희생에 기반한 타협.

노예제도가 화해되지 않은 채 끝난 미국에서는 달랐다. 한편에는 내전의 승리가, 다른 한편에는 남부주의 짐 크로우 법이 있었다. 짐 크로우 법을 통해 흑인의 권리는 박탈당했고, 노예 시대의 인종 차별은 계속되어 심지어 남부인의 정체성이 되고 말았다. 한 세기 이상 워싱턴의 정치는 이런 분열을 간과했고, 아렌트는 「리틀록 사건을 돌아보며」에서 이 (불화의) 오점을 강력하게 경고했다. 1957년에 그는 물었다. 이 문제는 문헌에서 거의 다뤄지지 않고 있는데, 그렇다면 정치가 모든 시민에게 헌법에 명시된 시민권을 최종적으로 보장하는 대신에 정치 투쟁을 다시 한번 사회의 영역으로 옮기는 일이 가능할까? 아렌트는 불법을 완전히 없애는 대신에 불법의 결과를 완화하려는 시도가 있었다고 보았다.

"자유주의 사상을 지닌 친구들"(편지 참조)은 아렌트가 실제로 우려하는 문제(미국 역사의 오점)를 보지 않고서 그를 성가실 정도로 수다스럽게 공격했다.

현재 독일에서도 식민주의, 노예제도, 홀로코스트의 유일무이함에 관한 논쟁이 진행 중이다. 그것은 글로벌 시대에 해야 하는 기억이나 관심의 서열 논쟁이라고 할 수 있다. 홀로코스트는 유일무이했으며, 아직도 거의 연구되지 않은 다른 범죄들과는 완전히 다른 방식의 사건이었다. 스탠리 엘킨스(한나 아렌트도 그의 의견에 동의한다)는 자신의 연구를 바탕으로 남부 주 노예제도의 유일무이함을 완전한 불법 상태로 진단했는데, 아렌트는 미국 노예 사회의 이러한 유일무이한 재산권 논리와 불법이 그녀가 살던 시대까지 살아남을 수 있었던 방식이 무엇인지를 찾으려고 했다. 엘킨스의 연구 결과에서는 어떤 정치적 결과가 도출될 수 있을까? 아니 실제로 도출되어야 하는가?

아렌트가 1970년 시민 불복종 권리를 헌법에 명시할 것을 변호하면서 관련 로비 단체가 자신만의 대표 기구를 만들 수 있는 권리를 가져야 한다고 말했을 때, 최종적인 그의 목표는 흑인에게 능동적인 정치 참여를 보장할 권리를 부여하는 것이었다. 물론 항상 비폭력의 테두리 안에서. 국가의 "암묵적 합의에서 흑인을 암묵적으로 배제하는 일"은 끝나야 했다. 아렌트는 자신을 변호하는 글에서 어떻게 미국이 스스로를 이민 사회로 이해하고 이민자를 환영하면서도, 지역 사회가 "그 사이에 자유를 얻어 미국에서 태어나고 자란 흑인"을 명시적으로 받아들이지 않았는지 물었다. 아렌트가 염두에 둔 것은 다름 아닌 흑인 로비 단체의 인정이었다.

정치와 연방대법원이 과거에 헌법(및 수정헌법 14조, 15조)의 타당성을 관철하고 (예전에) 배제된 사람들에 대한 정치적, 법적 책임에 태만했다는 비판 과정에서 아렌트는 헌법의 부칙 초안을 구상했다. 이 부칙은 법 앞에서 흑인의 동등한 권리를 완전히 보장해야 한다고 말한다.

오로지 명시적으로 미국의 흑인 인구를 겨냥한 수정헌법(마틴 루터 킹은 개정이라고 말함)은 결코 환영받지 못한 그들의 눈에 큰 변화를 더욱 강조해서 드디어 마침표를 찍는 것 같았다. (...) 그러나 의회는 수정헌법을 제출하지 않음으로써 변화를 사실상 거부했다. 그런데 의회의 압도적인 다수가 여성에 대한 훨씬 덜 심각한 차별 관행을 폐지하는 수정안은 채택했다는 점에서 수정헌법에 대한 거부가 더 선명하게 드러난다.

흑인을 위한 수정헌법! 그렇게 피해자(흑인, 여성)를 비교하는 것이 문제가 되더라도, 수정헌법의 정당성은 더 명료해졌다. 헌법은 모든 개별 법률에 우선하기 때문에, 그러한 개정은 정치와 법적 판례에 모든 차별적인 정치적, 법적 관행 및 관례(이를테면 임대법, 노동법 또는 재산권 문제)를 저지하는 수단을 제공할 수도 있었다. 수정헌법은 미래에 모든 연방대법원 판사에게 그들이 각각 어떤 정치색을 가지고 있는지와 상관없이 구속력을 발휘할 수 있기 때문이다.

평등 수정헌법(Equal Rights Amendment), 이것은 전례 없는 울림이었지만 무시되었다. 처음에 언급한 한나 아렌트의 "인종차별주의"에 관한 가장 최근 논의에서도 이 제안은 언급조차 되지 않았다. 과거였다면 이 수정안은 1923년 의회에 처음으로 제출된 여성에 대한 수정안과 마찬가지로 확실한 전환점이 됐을 수 있었다. 아렌트는 합의에서 제외된 공화국의 소수파(반전 운동, 흑인 인권 운동)가 미래에 모든 사람이 "보통의 정부 사업에서 고려해야 할" "현재의 지속적인" 권력으로 자리매김할 권리를 가져야 한다고 생각했다. 아렌트가 시민 불복종을 위해 열망한 것은 미국의 어휘나 정치 체제에서 쓰는 말, 즉 "집에서처럼"이었다. 물론 아렌트는 시민 불복종을 비폭력 행동과 인권 및 기본권 수호로 명료하게 제한했다.

유대 문화사를 연구한 정치 이론가 아렌트는 미국의 연방주의 체제와 그 수평적 권력 분배에 매료되었다. 그는 전 시민이 동등하게 "두려움 없이 다르게 존재할 수 있고"(아도르노), 또 천차만별한 사람 중의 한 명으로 공개석상에 나설 수 있음을 보장받는 "형편없는 나라"를 공화국으로 설계하기 위해 노력했다. 너무 오랫동안 "보이지도 들리지도 않는", 이미지 정치에서 계속 무시당했던 모든 사람이 미래에는 보이고 들리도록 하기 위해 만들어야 할 구조의 문제는 1960년

대 중반부터 간절한 일이 되었다. 시민 불복종 권리에 대한 참여 이외에도 당시 아렌트의 글쓰기 관심은 참여와 대표의 새로운 구조를 다루는 것이었다. 로자 룩셈부르크(Rosa Luxemburg)의 평의회에 대한 이념은 무력과 폭력의 차이, 정치에서 진실과 거짓 사이의 관계와 마찬가지로 새롭게 연구되었다. 시민 불복종 권리와 함께 원외 세력은 로비 단체로서 정치 체제 내에 자신의 공간을 가져야 한다. 궁극적으로 한 국가의 모든 단체가 자국의 보편적인 합의에서 배제되고 "법에 명시된 약속", 더 정확하게는 세상에 함께 존재하기 위해 협상하는 데서 배제되는 것은 용납할 수 없다. 아렌트의 1970년 에세이에서 "제도가 거부되는 곳에서 인간이 역할을 해야 한다"는 문장을 읽을 수 있다. 그러나 흑인에 대한 폭행이 존재를 향한 흑인의 꿈을 매번 방해한다는 사실은 아렌트의 작품에서 별로 고려되지 않았다. 예로부터 공화국의 상태는 반체제 인사와 소수자의 입장에서 읽힐 수 있지만 여기서는 또 다른 측면이 그 역할을 했다. 바로, 격변기에 어느 사회의 연속적인 지배 관계에 얽혀 있지 않은 사람들이 사회의 변화에 큰 기여를 할 수 있다는 예감이었다. 아렌트는 "인간적인 입장에서 예측 가능하고 신뢰할 수 있는" 미래를 유지하고 모든 사람에게 자유를 보장하기 위해서는 정치와 법 조건의 틀, 즉 정치 공동체가 스스로 법을 통해 맺는 미래에 대한 약속이 세대가 바뀔 때마다 갱신되어야 한다고 확신했다. 정치는 사과가 아니라 자유에서 의미를 찾기 때문이다.

랩프 엘리슨과 로버트 펜 워렌의 인터뷰:
무자비한 폭행과 희생의 이상

『누가 검둥이를 대변하는가』에 있는
랩프 월도 엘리슨과 로버트 펜 워렌의 인터뷰를
먼저 발표된 1965년 3월 25일 자 잡지
『더 리포터(The Reporter)』에서 발췌.

엘리슨 흑인의 정신 분열에 대한 상상은 실제와 맞지 않아요. 비록 그런 생각이 듀 보이스 박사 개인에게 정답으로 다가왔을지라도 말이죠. 제 질문은 미국의 가치를 수용하느냐 거부하느냐가 아니라 어떻게 그 가치를 최대한 같이 만들어갈 수 있느냐는 거예요. 또한 당신도 이미 지적하셨듯이 예전에는 운명으로 기록되었던 이상이 마침내 실현되는 것을 보는 것이기도 해요.

워렌 장기적으로 볼 때 흑인의 피가 고갈되어서 흑인의 정체성마저 상실될 수 있다는 점을 안타까워하는 흑인을 만날 때가 가끔 있어요.

엘리슨 그것은 당신의 아버지의 아버지가 당신의 할아버지가 아니기를 바라는 것과 같아요. 제가 두려운 것은 흑인의 피가 고갈되는 것이 아니라, 흑인 미국인의 문화유산과 문화표현이 부족한 가치평가와 끊임없는 상업화 및 통속화로 인해 파괴되는 것이에요. 그와 별도로 피가 고갈되는 일은 그렇게 간단하지 않다고 생각해요. 외부의 압박이 있든 없든 간에 모두가 백인의 기준을 선호하는 것은 아니죠. 여전히 아주 다른 선택의 범주가 있어요. 몇몇 사람을 순전히 겉으로 드러난 것, 그러니까 목소리나 개성적인 지각 방식이나 많은 다른 스타일 때문에 좋아하는 사람들이 있어요. 게다가 흑인은 우리 지도자 중 일부가 뭐라고 말하든 상관하지 않고 흑인인 점에 거부감을 갖지 않아요. 때로는 그것이 꽤 불편하더라도 말이죠.

워렌 그렇다면 흑인의 존재감은 고통과 사회적 박탈뿐만 아니라 도전과 풍부한 기회를 의미하나요?

엘리슨 그래요. 그것이 흑인의 존재감이며, 그렇게 흑인은 인간다움을 갖추게 되는 거죠. 저는 오늘 아침 러트거스대학교의 젊은이들에게 이렇게 말했어요. 무슨 수를 써서라도 그런 투쟁을 피하고 싶지는 않으며, 그 끝이 어떻게 될지 너무 궁금할 뿐이라고요. 나는 반은 외부인이 아닌 미국의 가치체계를 책임의식을 갖고 함께 만드는 사람으로서 발전과 문화에 참여하고 싶어요.

워렌 흑인 대표자 중 일부는 흑인의 형편이 조금도 부유하지 않으며 비참한 상황이라고 말해요. 그들이 총체적인 불행을 그렇게 전면에 내세우는 데는 전략적 이유가 있는 것 같아요.

엘리슨 아마도 제가 대변인은 아니기 때문에 그렇게 말할 수도 있겠죠. 하지만 인종 불행에서 나오는 엄청난 고통과 흑인이 겪는 가늠하기 힘든 사회의 외면, 둘 다 과도하게 부각될 위험도 있어요. 흑인 젊은이가 이를 핑계 삼아 스스로 눈을 감으려는 것은 위험해요. 흑인 젊은이는 자신을 개인으로 보고 능력을 동원하는 대신에 만연한 소외와 고통 탓을 해요. 그렇게 되면 억압과 폭행이 여러 세기에 걸쳐서 달성하지 못했던 것을 이룰 수도 있어요. 이른바 개인이 더는 인간이 아닌 거죠. 역설적으로 이러한 "소외"를 외치는 사람 중 일부는 가장 보수적인 잡지에 글을 써주고 두둑한 대가를 받아요. 그들은 불행을 거창하고 폭넓게 풀어내는데, 거기에는 꼭 인종적 이유만 있는 것은 아니죠.

궁극적으로 저는 "모두의" 불행이란 말을 의심해요. 개인 문제와 관련해서 진리는 없으니까요. 그러나 고통과 소외는 유용한 논증이긴 하죠.

또 살펴봐야 할 다른 측면은 흑인 미국인도 대부분의 다른 미국인처럼 이중의 정체성을 가지고 있다는 거죠. 아이러니하게도 지금의 투쟁을 이끄는 규율은 순수한 고통이나 절망에서 비롯된 것이 아니라 우리가 길고 고통스러운 세월 동안 억압, 도발, 폭행과 함께 살아가는 법을 배웠다는 사실에서 비롯되죠. 모든 흑인은 자신의 가치관을 세우고 흑인으로서의 경험과 흑인으로서의 성격에 대한 관점을 발전시켰으니까요. 그러나 이 다양성은 사회학과 심리학 교과서에 반영된 적이 없어요.

워렌 강인한 성격과 자제력, 오늘날 시민권 운동에 그러한 투지를 부여하는 것들은 맹목적인 고통에서 비롯된 것이 아니었을까요?

엘리슨 예. 하지만 많은 흑인과 백인 사회학자, 언론인, 흑인 이슬람교도, 일부 자유주의 사상을 가진 백인이 믿는 것처럼 자기 연민과 자기 증오에서 나온 것은 아니에요. 물론 그런 느낌을 시민권 운동에서 찾긴 해요. 흑인도 인간이니까요. 그러나 강인한 성격과 자제력은 맹목적인 고통이나 자기 증오의 결과는 아니에요. 세상이 외면했을 때도, 그 나라에서 아무도 흑인을 보는 사람이 없었을 때도, 우리가 당시 통용되는 법적 이해로 인해 수많은 탄압을 받아들여야 했을 때도, 우리를 삶에 붙들게 하는 무언가가 있었기 때문이죠. 판단을 내리기 전에 우리의 원시 문화를 더 자세히 살펴보고 우리의 민속문화를 깊이 관찰해 보면 분명해질 거예요. 예를 들어 흑인들이 뒤섞여서 하는 이야기를 보죠. 어느 누군가가 우리에게 비록 선의의 의미일지라도 "불현듯 그 흑인이 용기를 냈어요"라고 말할 때마다 저는 짜증이 나요. 그 누군가는 단순히 자신의 상상력을 흑인에게 투사하고 있어요. 그것조차도 자신의 상상력이 아니라 미리 완성된 고정관념이죠. 길고 험난한 발전의 결과가 그에겐 이미 극적인 전환점으로 보이는 거예요. 오로지 그가 우연히 자유를 향한 운동을 발견했기 때문에 자유를 향한 운동이 있는 거죠. 오로지 그가 보았기 때문에 우리의 운동은 상황에 따라 사건이나 예술 작품이나 음모가 되죠. 그렇게 집단의 규율과 조직의 상황은 여러 해에 걸쳐서 형성되어 온 거예요.

제가 그런 잘못된 관점에 화를 내서는 안 되죠. 우리 미국인은 우리 역사에 대해 거의 모르며, 우리가 충분히 오래 살펴보지 않아도 역사의 결과에 직면할 필요가 없을 것이라고 항상 생각하니까요. 그리고 우리는 문제를 숨기거나 하찮게 만드는 방법을 충분히 알고 있어요.

얼마 전 할렘에서 여름 폭동이 있었을 때 텔레비전에서 재개봉된 철 지난 알 졸슨(Al Jolson)의 영화를 보고 있었는데, 어느 중요한 장면에서 졸슨이 후렴구를 부르고 있었어요. "나는 너희 법을 만들고 싶지 않아. / 그저 내 노래를 부르며 즐겁고 싶어." 당시 영화가 개봉되었을 때 흑인이 실제로 무슨 생각을 하고 있었는지 혹은 실제로 자유의 투쟁이 어땠는지는 중요하지 않아요. 이 한 편의 오락문화는 흑인에 대해 거의 아무것도 말하지 않는 대신에 졸슨이나 할리우드 영화계와 진지한 도덕 문제를 천박하고 감상적인 유흥으로 바꾸는 미국인의 특별한 재능에 대해 말하고 있어요. 역사의 전후를 살피려고 애쓰는 사람이라면 누구나 흑인이 당시에 다른 법을 가지려고 했을 뿐만 아니라 이미 그런 일에 참여했다는 것을 알게 되죠.

미국은 나쁜 예술로 인해 막대한 피해를 입은 것처럼 보였죠. 조잡한 작품으로 칭찬을 받고 싶어 하면서도 진지한 문학 비평을 모두 인종 편견으로 보는 흑인 작가들이 있어요. 이들은 진지한 주제와 유희하는 나쁜 예술은 궁극적으로 예술가의 인종적 기원과 상관없이 파괴적이고 나쁜 영향을 미친다는 것을 명심했었어야 해요.

워렌 당신은 남부 주에서 벌어진 저항 중에 일부는 전혀 인종적이지 않고 오히려 정체성을 유지하려는 소원과 관련한다는 의견을 어떻게 생각하나요? 아마도 백인 남부인은 인종 차별을 변호하죠. 자신의 정체성이 위험에 처해 있다고 믿고 있으며 인종 차별을 한결같은 남부인 기질의 일부로 여기기 때문에요. 백인 남부인은 지금까지 지켜온 모든 것을 유지해야만 자신의 문화와 정체성이 온전하게 유지될 수 있다고 믿고 있어요. 그게 이해가 되나요?

엘리슨 글쎄요. 저는 심지어 이런 망상이 남부인을 사로잡아 그들의 인격 발달을 방해한다고 생각해요. 흑인보다 더 심한 것 같아요. 이 점을 북부인, 정확히 말하면 백인 북부인은 자주 이해하기 어려워하죠. 가끔은 흑인도 그렇게 생각해요.

워렌 예, 저는 망상과 관련한 당신의 의견에 동의해요. 적어도 제가 아는 몇몇 사람에게서 그게 보여요.

엘리슨 그 점을 전달하는 일은 정말 쉽지 않아요. 저는 사람들에게 인종 차별 철폐가 어떤 식으로든 남부인 기질을 뺏지 않으며, 흑인의 자유가 결코 남부인의 삶의 방식을 파괴하지 않을 것이라는 점이 분명히 알려지기를 기원해요. 아무튼 생활이 그런 것처럼, 신화, 기억, 꿈이 현실에서 더 중요하게 작용하는 것 같아요. 그런 분위기가 삶의 방식에 엄청난 영향을 주었고, 그런 분위기는 정말 바뀌지 않아요. 남부 주 이야기의 영웅들도 그 속에서 남았고 남을 거예요. 추측해 보면 지금까지 흑인을 틀 안에 가두는 데 사용되었던 모든 에너지가 창의적인 사업을 위해 해방될 것이기 때문에 경제는 성장할 겁니다. 사전은 좀 더 정확해지고, 언어도 좀 더 깔끔해지며, 학교에서 부르는 노래도 좀 더 조화롭게 들릴 거예요.

저는 남부 주의 삶의 방식에서 소중하고 보존할 가치가 있는 모든 것이 인종 차별에 달려 있다고 생각하지 않아요. 저는 남부에서 음악가나 웨이터 등을 전전하면서 삶의 방식이 바뀌어야 하는 것을 가장 두려워하는 사람들이 거의 변하지 않은 것을 보고 되레 놀라는 모습을 보았어요. 흑인의 시선으로 보면 이런 백인의 삶은 별로 매력적이지 않아요.

워렌 가끔 저는 남부 삶의 구조가 오로지 인종 차별에 지탱되고 있다는 인상을 받아요.

엘리슨 그렇죠. 이런 모든 불안은 특히 현재의 모든 정치 구조가 변화 중이기 때문에 지극히 비현실적이에요. 끝내 인종 차별이 종식되면 실제로 흑인의 발전을 방해한 요인이 무엇인지, 법이 얼마나 많은 역할을 했고 그때마다 우리 자신의 성향과 결정이 얼마나 많이 기여했는지 보게 될 거예요. 남부 백인이 즐겨 인용하는 문장에는 작지만 핵심적인 블랙 유머가 담겨 있어요. 백인이 토요일 저녁 단 하루만 흑인이었다면, 그는 다시는 백인이 되고 싶어 하지 않을 거라고.

이 말은 작은 위안거리가 되죠. 하지만 그와 별도로 특정 지역 출신의 흑인이 너무 적극적으로 엘리트의 가치 기준을 넘겨받은 사실이 충분히 인지되지 않고 있다고 생각해요. 예를 들어, 남부 시골 출신의 흑인은 직장에 관심이 없어요. 그곳에는 기업이 거의 없기 때문이죠. 이것이 우리가 유능한 중산층을 발전시키지 못한 이유 중의 하나죠. 그 밖에 은행과 택배 업체의 차별, 열악한 직업교육 기회, 자립적인 주도력 부족은 별개의 문제이고요. 인종과 정치에 관한 것처럼 보이는 이런 문제에도 문화적인 요인이 작동하고 있어요. 백인 남부인도 기업에 관심을 갖는 데는 시간이 걸렸어요.

워렌 그렇죠, 그 점은 이미 18세기 이래로 관찰되어 온 바예요.

엘리슨 하지만 똑똑한 제 친구들은 이것을 이해하지 못했다는 말씀을 다시 드리죠. 누군가는 남부의 백인에게서 영향을 받아 스스로 엘리트 이미지와 그 밖의 귀족적인 가치를 가지게 된다고 제가 주장하면 그 친구들은 유머로 받아들여요. 그게 바로 그런 것이죠. 그리고 우리가 만날 수 있는 가장 큰 속물 중 일부가 그런 가련한 흑인이에요. 어쩌면 그들은 가난하지 않고 잘 살수도 있지만, 언젠가 특정한 사물, 규범 및 가치를 자기 것으로 만들어요. 그리고 그들은 삶이 끝날 때까지 그것들을 꼭 붙들어요. 그런 일은 전혀 드물지 않아요.

워렌 워싱턴의 하워드로스쿨에서 한 여대생과 얘기한 적이 있어요. 그녀는 한때 수감생활을 설명하면서 이렇게 말했죠. "저는 이곳 남부의 일이 잘 진행되리라고 확신해요. 소요가 끝나면 사람들 사이의 합의가 이루어질 것이라고 확신해요." 그 이유에 대한 질문에 그는 대답했어요. "우리는 항상 여기서 함께 살았기 때문이죠. 공동의 역사를 갖고 있고, 그것이 나중에 함께 살아갈 수 있는 이해의 기초가 될 거예요."

엘리슨 네, 공동의 배경이 있다면, 공동의 정체성이 있느냐는 문제에 대해 아무리 논쟁을 벌여도 많은 것에 동의할 필요는 없는 것이 사실이죠. 이것만으로도 남부의 투쟁이 성립하는 거예요. 예를 들면 현재의 윌리스 주지사는 흑인과 공동의 역사를 갖고 있을 뿐만 아니라 흑인과 권력을 공유해야 하며 어쩌면 자신만큼이나 흑인이 국가에 대해 많이 알고 있다는 사실을 깨닫기가 매우 어렵죠. 이곳 뉴욕에서 저는 정말로 다양한 이야기를 가진 많은 사람을 알고 있어요. 많은 분이 저를 안다고 생각하지만 어떤 경험이 저를 형성했는지는 전혀 몰라요. 그들은 다채로움이나 복잡한 관계에 대해 알지 못해요. 그들은 선량하며 추상적인 범주에서 생각하는 것을 좋아해요.

워렌 예, 인간이 그래요. 그리고 그것은 항상 쉽지는 않죠….

엘리슨 네, 맞아요. 저는 갑자기 무슨 일이 벌어져야 비로소 깨달아요. "맙소사, 그들이 아무것도 모르는구나." 즉, 저는 그들의 반대편에서 개인이 되는 길을 걸었지만 그 과정에 출신은 별다른 영향을 끼치지 않더군요. 때때로 저는 "다르거나 특별하다"고 여겨지는데, 운이 없는 어느 전형적인 흑인 중에서 비교적 노력했던 사례일 뿐이죠.

워렌 아마 저도 비슷한 일을 경험한 것 같네요. 착한 친구들은 저를 축하해 주면서 개조된 남부의 사람을 알게 돼서 얼마나 좋은지 말해요. 하지만 저는 개조된 사람이라고 느끼지 않아요. 그리고 자유주의자도 아니죠. 저는 선천적으로 이성적인 존재이기 때문에 '개조된'이라는 단어는 전혀 어울리지 않아요.

엘리슨 '개조된'이라는 단어는 문화적으로 소외된 아이라는 개념 같아요. 저는 그런 꼬리표를 좋아하지 않아요. "문화적으로 불리한 입장에 있는" 백인 중산층 아이들을 가르쳐 봤어요. 그들은 문제를 간단히 해결할 수 없을 만큼 이 사회에서 자신의 길을 찾는 데 너무 큰 고초를 겪고 있더군요.

워렌 다른 종류의 문화적 불이익인가요, 맞죠? 엄밀히 말하면 헤아리기 어려운 불이익이죠.

엘리슨 정확해요. 하지만 그 백인 중산층 아이들은 그 점을 한 번도 눈치채지 못해요. 그들은 빈민가에서 자라 그곳에서 살아남는 법을 배운 아이들보다 더 많은 문제를 안고 있을지도 몰라요.

워렌 그들에게 무슨 일이 일어나는지가 더 수수께끼 같은가요? 제 말은 일부 중산층 아이들에게요.

엘리슨 예, 그것은 난제죠. 모든 가능성이 중산층 아이들에게 열려 있는데 말이죠. 그들은 이 사회와 그 안에서의 의무를 위해 아무 일도 할 수 없어요. 종종 자신이 무엇을 원하는지조차 몰라요. 그 결과, 자신의 상황을 개선할 수 없으며, 얼마나 오래전부터 자신의 출신을 포기했는지 이해하지도 못해요. 그들은 자신의 역사가 있다고 생각해요. 하지만 그들과 진지하게 대화할 때마다 그 역사는 의식 언저리의 어딘가에서 떠돌고 있음을 눈치채게 돼요. 이것이 바로 그들이 조상의 땅, 각자의 농장 등에서 실제로 그러한 과거를 살았을 수도

있는 부모와 매우 다른 점이죠. 그러나 그 아이들에게
는 무슨 일이 일어났어요.

워렌 당신은 미국 중산층에 진정한 가치의 위기가 있다
고 믿나요?

엘리슨 예, 제 생각에 가늠하기 어려운 위기가 있어요.
흑인의 해방 운동에도 그런 위기가 분명하게 드러나죠.
이 운동을 통해 중산층은 시험에 들게 돼요.

워렌 그래서 일부 젊은 백인이 흑인 운동에 동참하는
이유는 일종의 개인적인 구원을 구하기 때문인가요?
정체성을 둘 수 있는 것, 아니 자기 자신 이외의 것, 아
니 고상한 척하면서 고립된 천박한 미국 중산층 바깥
에서 뭔가를 찾고 있는 건가요? 그래서 학생비폭력조
정위원회의 로버트 모세스를 포함한 몇몇 사람은 선의
의 백인이나 심지어 용감무쌍한 동조자들에 대한 거부
감을 드러냈어요. 자신의 부족분을 메우기 위해 일부
백인은 '동참해서 타인의 영혼을 날쌔게 채가라'는 표
어에 따라 흑인의 문화, 언어, 풍부한 음악을 습득하려

고 애쓰기도 해요.

엘리슨 네, 이미 그에 대한 불만이 한동안 있을 수 있어요. 다만 오늘날 유일하게 새로운 점은 불만을 표출한다는, 그러니까 언어로 표현한다는 거죠. 그러면 불만은 생기지 않아요. 중요한 점은 다른 사람이 우리의 삶의 방식과 행동에 일부 경탄하면서 동참을 원하지만 그것을 허락하지 않는 것이죠. 오히려 백인이 돌연 우리의 언어, 스타일, 활력, 그러니까 우리가 고통받고 투쟁했던 경험을 운율로 만들려는 시도에서 발생한 모든 것을 비판했기 때문에 흑인들 사이에 불만이 일었어요. 백인이 갑자기 그 모든 것을 베끼고 위조하며 진부하게 만들었기 때문이죠. 예를 들면 재즈처럼 말이에요. 이런 흑인의 또 다른 불만은 백인이 종종 우리를 은근히 인종적 우월감으로 대한다는 사실과 연결돼요. 그렇게 그가 흑인이라는 이유로 흑인만의 고유한 표현방식을 어떤 식으로든 이어받을 수 있다는 고지식하면서도 암시적으로 오만한 가정이 성립되는 거죠. 그때 흑인만의 정교한 스타일, 복잡다단한 내면, 인간적인 희생, 전통, 풍부한 내면적 암시, 심지어 이 모든 것이 지

금껏 살아온 충만한 인생에서 생겨났다는 사실은 고려
하지도 않아요. 헨리 제임스(Henry James)의 소설『미
국인(The American)』이 생각나요. 소설에서 크리스토퍼
뉴먼은 유럽을 여행하며 프랑스 사회에 받아들여지려
고 노력하는 과정에서 (자신이 모르는) 숱한 가치관 및
태도와 부딪혀요.

워렌 우리 다른 이야기로 화제를 돌려보죠. 경제가 성
장하는 가운데 교육 수준이 낮은 흑인의 고용 시장은
줄어들고 있어요.

엘리슨 그건 말이 안 돼요. 그런 점에서 더는 희생양이
되지 않거나 다른 미국인의 무능을 비난하지 않으려는
흑인들의 결의는 각별히 새로운 거죠. 우리는 비용을
모든 사람에게 분산시키고 싶어요. 우리는 이미 강인한
성격, 용맹함, 결단력뿐만 아니라 자기 인식과 자기 발
견을 통해 대가를 치렀어요. 그 결과는 사회, 경제, 정
치, 문화에서의 불이익이었죠. 그래요. 우리 삶의 방식
에 대한 경멸로 드러났어요.
그리고 우리가 오늘날 국가의 희생양 역할을 거부하

는 이유 중 하나는 우리가 이러한 희생으로 인해 파멸될 뿐만 아니라 국가가 도덕적 핵심에서 붕괴되고 있다는 사실을 더 잘 알고 있기 때문이죠. 우리는 오래전부터 우리의 임무가 미국을 다시 선언된 이상과 일치하도록 하는 것이라고 이해해 왔어요. 그래서 우리는 이중의 의무, 첫째 우리 자신에 대한 의무, 둘째 국가에 대한 의무에 따라 행동해요. 흑인은 자신에게 현재 국가의 이상과 국가의 실제 태도 사이의 대결을 강요하면서 진정한 미국인임을 입증하고 있어요. 나머지 미국인도 똑같이 해야 할 거예요. 재건기 이후로 우리는 모든 도덕적 의무를 무시하는 사치를 허용해 왔어요. 우리가 고통을 겪고 있는 대부분의 도덕적 태만이 거기서 기원하는 거죠. 현재 우리는 물질적 번영이 좋은 것이 아니며 무언가 다른 것이 필요하다는 것을 뼈저리게 배우고 있어요. 우리는 오랫동안 벌어진 일들에 우리 자신을 맞추어왔기 때문에 상황은 좋지 않아요. 근본적으로 잘못된 것이 있는데, 그렇다고 흑인이 있기 때문은 아니죠. 부분적이긴 해도 (벌어지지 않은) 시민권 문제 때문도 아니고요.

워렌 저는 (흑인들이) 시민권을 제대로 행사하지 못하는 것이 문제의 핵심이 아니라는 당신의 지적에 즉시 동의해요. 그래도 그것이 국가의 상황에 영향을 미쳐서 더욱 악화시키긴 해요.

엘리슨 그새 국가의 가치들이 너무 막연해져서 더는 작가가 실제 인물을 묘사할 수 있다고 믿을 수 없게 되었어요. 이 나라에 있는 기본적인 저력이 매일 잠식되고 있어요. 그런데 아무도 그에 대해 거들떠보지 않는 것 같아요.

워렌 예, 반대 증거에도 불구하고 우리는 기본적인 강점이 있다고 가정해야 해요. 여기서 출발하지 않으면, 곧바로 포기할 수 있거든요. 그리고 당신은 중요한 것, 즉 흑인들이 심리적 압박을 이겨내는 능력과 그 능력이 역사에서 어떻게 형성되어 왔는지에 대해 말했어요….

엘리슨 저는 곳곳에서 자행되던 폭행으로 흑인들이 이유 불문하고 죽임을 당하던 시절에 살아남는 일이 얼마나 고단한지에 대해 얘기했어요. 그때 폭행은 너무나 자주 창궐하고 어떤 의미도 없을 만큼 뻔하고 자의적인 원인에 의해 벌어졌죠. 그래서 우리는 새로운 형태의 담력을 고안하거나 그냥 포기해야 했어요.

한 흑인이 백인을 면전에 두고 개인적으로 보복하려는 시도가 오히려 전혀 관련 없는 흑인 살해로 이어지는 것을 알고 나서, 그 흑인은 자신의 분노를 얼마나 자주 눌러야 했을까요? 아주 하찮은 일로 인해 온 자존심에 금이 가기 시작했어요. 몹시 사소한 태도 하나가 생사를 결정할 수 있었어요.

그것은 저의 경험이기도 해요. 저는 폭행을 저지르고 있는 백인들을 마주한 적이 있었어요. 그들은 폭행에 열중하고 있었죠. 그때 저는 그들이 폭행에 대해 무슨 생각을 갖고 있는지 궁금해하기보다 그 장면을 어떻게 보았는지 자문했어요. "이런 놈은 나와 싸우길 원할 거고, 보다 정확히 말하면 나를 죽일 구실을 찾고 있겠지. 그럼 나는 무엇을 얻을 수 있나? 그가 자신의 생각을 내 삶에 강요하는 것을 허용해야 할까?"

워렌 그 백인이 당신 대신에 당신의 가치를 결정한다는 거죠, 그렇죠?

엘리슨 예. 마틴 루터 킹 박사는 말렸지만 제가 선동가 행세를 하는 사람을 사랑할 필요는 없죠. 저는 선동가 행세를 하는 사람을 유치한 사람으로 치부하거나 어쩌면 용서할 수도 있어요. 당시 저는 그와 중립 지대에서 진짜 일대일로 맞서고 싶었어요.

북부 흑인 중 일부는 남부 흑인이 매우 가혹한 폭행의 시련을 겪은 사실을 가볍게 간과해요. 북부 흑인 중 일부가 오래전부터 남부 흑인이 셀 수 없는 린치를 감수하면서도 살아남아 지속적으로 목표를 추구하고 있는 것을 알고 있어요. 똑같은 시련 속에서 우리도 인내와 관대, 그리고 희망에 대한 모든 것을 배웠어요. 그래서 우리는 오늘도 어제처럼 모두의 안녕을 위해 복수에 대한 충동을 포기하죠. 그리고 폭행이 한때 우연이었던 곳은 이제 국가적, 정치적으로 의미를 지녀요. 일부 북부인은 남부 흑인의 복합적일 수밖에 없는 심리를 비판하지만, 그에 반해 저는 그 북부인이 흑인의 삶에 그런 복합성을 단절시키고 추가적으로 해를 끼칠 수 있는 심리적 규범을 강요하고 있는 것이 두려워요.

워렌 당신이 막 언급한 지점, 흑인의 투쟁에서 근본적인 영웅주의로 돌아가 보죠.

엘리슨 예, 저는 사회의 인정이나 실제적인 지위 없이 살 수밖에 없지만 그래도 이 사회의 이상에 구속되어 있는 사람들의 암묵적인 영웅주의에 대해 생각해요. 그들은 이 사회에서 자신의 길을 가면서 자신의 법적 권리에 합당한 위치를 찾으려고 해요. 그들은 자신의 위치를 당연하게 여기는 사람들보다 사회의 진정한 특징, 규범 및 가치의 참뜻에 대해 훨씬 많이 배우죠. 어쩌면 그들(마틴 루터 킹에 따르면 '흑인')은 그런 것을 근사한 이론으로는 설명하지 못하지만 행위로 보여줄 수 있어요. 그리고 사회적 현실을 반영하는 태도, 관습, 가치를 폄훼하고 무시하는 백인에게 흑인은 행위로 말하죠. "너희는 솔직하지 않아. 너희는 대상에 대한 우리의 관점이 옳다는 것을 알고 있어. 진짜 미국의 현실 속에 살고 있는 사람은 우리야. 그래. 우리는 그런 현실과 타협하고 있어. 그러나 현실의 모든 측면, 모든 모순을 고집스럽게 무시하는 너희는 스스로를 속이고 있는 거야."

그러한 태도를 통해 한 인종이 사회적, 정치적 열등감에서 벗어나게 되지만 동시에 그것은 의무, 그러니까 타인에 대한 이해를 발전시켜야 하는 의무를 의미하죠. 그러면 흑인은 자유를 주장하되 자신을 위해서 어느 정도 복수의 욕구를 포기해야 해요. 원칙은 결코 추상적이지 않아요. 비록 모두가 보다 이상적인 인류애라는 같은 목표와 연결되어 있어도, 각각의 집단은 역사가 나누어 준 카드를 내밀어야 해요. 그리고 그를 위해 필요한 것은 이해죠.

워렌 거기에는 자신에 대한 이해도 필요하겠죠?

엘리슨 예, 자신에 대한 이해는 자신의 삶의 가치는 물론이고 자신과 다른 미국인에 대한 관계를 말하는 거죠. 그런데 자신에 대한 이해는 자기 신뢰, 자의식, 자제력뿐만 아니라 이해력과 연민도 필요한 터라 각 개인에게 큰 도덕적 압박을 가하게 되죠. 특히 인간의 다양성에 대한 관심도 요구돼요. 그것이 바로 문명 아닌

가요? 비극이 우리에게 그 점을 늘 가르치지 않나요?

어쨌든 비극의 교훈도 흑인 미국인의 경험에 속하죠. 이런 경험의 의미를 비극 뒤에 있는 이상, 즉 희생의 이상을 보고 나서야 비로소 이해한다고 생각해요. 한나 아렌트는 남부 흑인을 위한 이런 이상의 중요함을 깨닫지 못했죠. 그래서 『디센트』잡지에 투고한 에세이「리틀록 사건을 돌아보며」에서 흑인 부모가 인종 차별 투쟁을 위해 학교에 있는 자녀를 도구로 사용한다고 비난했어요. 그것은 초점이 너무 빗나갔어요. 사실 아렌트는 흑인 부모가 자녀를 그런 적대적인 선을 넘어 통학시키는 심정이 어떠했을지 전혀 모르고 있어요.

흑인 부모는 그러한 사건이 자녀에게 일종의 통과의례 같은 것임을 알고 있어요. 그들은 모든 흑인 아이가 (조만간) 사회적 테러의 무자비한 현실을 직면해야 한다는 것을 알고 있어요. 그리고 (문제가 없기를 바라는) 많은 흑인 부모의 관점에서 볼 때, 모든 아이는 바로 자신이 흑인이기 때문에 테러에 직면하고 공포와 분노를 억압하는 법을 배워야 해요. 모든 흑인 아이는 흑인으로 태어났다는 사실에서 나오는 내면의 긴장을 통제하는 방법을 배워야 하는데, 만약 그것마저 여의치 않으면 또 다른 희생자가 돼요. 이런 요구는 무자비한 측면이 있지만 아이가 이 기초 시험에 붙지 못하면 아이의 삶은 더 무자비해지죠.

워렌 많은 남부인이 남부에 대한 충성의 포로고, 흑인은 인종 문제의 정신적 포로라는 설이 있어요. 저는 둘 사이에 유사성이 있는지 궁금해지더군요.

엘리슨 예, 제 생각에 그 유사성은 명백해요. 우리는 종종 인종 문제에 너무 사로잡혀서 우리의 장점을 제대로 분석하지 못할 때가 있어요. 우리 중 지도적 위치에 있는 사람들은 흑인의 삶을 일반적인 사회학적 용어로 설명하는 데 너무 몰두하다 보니 또 다른 기준이 있으리라 생각하기는커녕 그런 사회학적 용어의 한정적이고 제한된 성격을 한 차례도 의심하지 않아요. 그 이유 중 하나는 그들이 그러한 제한에서 스스로는 제외된다고 생각하기 때문일 수 있어요.

워렌 백인과 흑인 남부인, 둘 다 어떤 상황의 포로라는 명제를 보다 상세히 살펴보죠.

엘리슨 우리는 북부와는 달리 남부의 특정 지역에 사는 흑인과 백인은 친밀한 의사소통을 할 수 있고 심지어 서로 교제할 수도 있다는 것을 알고 있어요. 제 말은, 인종 관계에서도 인간적 측면이 있다는 것을 경시할 수 없어요. 그러나 정치, 사회, 이데올로기가 여러 번 현실에 관철되면서 인간관계를 무너뜨려요. 그러면 두 집단은 각각에게 할당된 역할에만 머무르죠. 그러면 인간 에너지의 상당량은 판에 박힌 정체성을 유지하는 쪽으로 흘러가요. 이렇게 말해도 된다면, 남부의 마법 대부분, 아니 흑인과 백인 사이의 심리적 에너지 대부분은 오늘날 이런 특정한 부정적인 형식주의 문제(마틴 루터 킹에 따르면 정체성)로 증발했어요.

워렌 단순히 고정된 정체성을 유지하려는 노력 때문일까요?

엘리슨 예, 저는 그렇다고 확신해요. 마침내 인종 사이의 장벽이 제거되면 우리가 속한 인종에 상관없이 인간으로서, 즉 우리가 원하는 대로, 우리가 스스로 이해한 대로, 우리가 계획한 대로, 우리 집단의 삶에 대한 느낌대로 행위할 수 있어요. 그러나 이런 상황은 흑인에게 큰 문제이기도 해요. 우리가 부분적으로는 백인의 규범을 같이 만들면서 넘겨받았더라도, 백인의 규범은 우리를 강요했고 여전히 강요하고 있기 때문이죠. 그러나 우리는 흑인 삶의 많은 것을 마치 우리가 특정 음식을 좋아하듯이 그저 좋아할 뿐이에요. 외부로부터 압력이 없으면, 물론 우리가 흑인의 삶에서 좋아하는 것을 자신 있게 붙잡기는 어려울 거예요. 그러다가 우리의 옛 생활 방식을 이해하게 되는 때가 와요. "이제 너희의 협소한 짐 크로우 공동체는 끝장인데, 지금 너희는 삶에서 무엇을 하고 있니? 이전보다 더 나은, 더 인간적인, 새롭고 희열로 충만한 시대가 임박해 있다고 생각하니?" 당신도 보고 있지만, 우리가 인간의 본질과 보편적 경험의 차원을 인식하는 것이 중요해요.

저는 다른 사람들을 보면서, 그들의 도덕과 관습을 관찰하며, 미국인으로서, 지금 이곳에서 살 수 있는 행운을 얻은 사람으로서, 다양한 맥락과 문화를 곰곰이 생

각할 수 있다는 것을 가장 큰 특권 중 하나로 생각해
요. 더는 흑인이고 싶지 않거나 자동으로 자아를 실현
할 수 있다고 생각하기 때문이 아니에요. 오히려 그것
이 미국의 위대한 점이기 때문이죠. 이곳에서는 바다를
건너지 않고도 다른 사람이 될 수 있고 여전히 당신 자
신일 수 있어요.

워렌 랠프, 저는 당신의 글에서 오히려 인종 차별의 정
당성을 읽어낸 몇몇 백인과 흑인을 알고 있어요. 저는
그것이 당신이 뜻한 바가 아니라는 것을 알아요.

엘리슨 그들의 비난에 대한 정답은 없어요. 저는 1936
년 남부를 떠났어요. 저를 대변하는 것은 제 글이에요.
흑인의 삶이 불의와 장벽으로 얼룩져 있지 않다고 단
한순간도 가장한 적이 없어요. 동시에 흑인이 억압에도
불구하고 대단히 위대한 인류애를 발전시켰다고 생각
해요. 저는 자유로워지고 싶어요. 덜 흑인인 미국인이
되기 위해서가 아니라 흑인 존재라는 개념이 더욱 풍
부해질 수 있도록 하기 위해서죠. 제가 그렇게 말할 수

없거나 그런 말이 저를 톰 아저씨[*]로 만든다면, 신께서
저에게 자비를 베풀어주시길 기도할 수밖에요.

지그리트 루쉬마이어(Sigrid Ruschmeier)의
미국식 영어 번역문에서 발췌

* 톰 아저씨는 소설 『톰 아저씨의 오두막집(Uncle Tom's Cavin)』
(1852) 주인공이다. 흑인 노예인 그는 주인에게 학대당하지만 체면
과 자부심을 지키는 인물이다. 위의 본문에서는 백인에 대해 비굴한
태도를 취하는 아프리카계 미국인을 가리키는 것으로 보인다.

주

프롤로그

* 최근 로버트 레이드 파(Robert Reid-Pharr)는 제임스 볼드윈(James Baldwin)과 아벨 미로폴(Abel Meeropol) 사이의 서신에 관한 기고문을 인터넷에 게재했다. 기고문 제목은 「제임스 볼드윈의 작은 집과 아벨 미로폴의 이상한 열매(James Baldwins Little House and Abel Meeropols Strange Fruits)」, https://www.ucl.ac.uk/racism-racialisation/transcript-james-baldwins-little-houses-and-abel-meeropols-strange-fruit. 최근 액세스 날짜 2021년 11월 24일.

* 인용 "행위의 결심", "자신의 힘으로 사물을 변화시킬 수 있다는 확신", "완전무결한 행복"은 한나 아렌트가 아달베르트 라이프(Adalbert Reif)와 진행한 인터뷰 참조(『폭력의 세기(Macht und Gewalt)』(뮌헨 1969)의 107-109면).

* "1973년 마지막으로 쓴 위대한 에세이"는 한나 아렌트의 에세이 『휴식하는 집(Home to Roost)』 참조. 혹은 마리 루이제 크노트가 편찬하고 맺음말을 쓴 『지금(Zur Zeit)』(베를린 1986) 161-178면 참조. 혹은 우어줄라 루츠(Ursula Ludz)가 편찬한 『현재. 정치 사고 연습 2(In der Gegenwart. Übungen im politischen Denken II)』(뮌헨 2000)에서 재인용.

* 한나 아렌트의 "반(反) 흑인 인종주의"에 대한 비판과 관련해서 특히 캐스린 T. 기네스(Kathryn T. Gynes)의 『한나 아렌트와 검둥이 문제(Hannah Arendt and the Negro Question)』(인디애나대학

출판부 2014) 참조. 혹은 윌리엄 버로스(William Burroughs)가 쓴 한나 아렌트의 백인 무시(white ignorance)에 대한 논문(2015) 참조. 작가 아이차 추부크추(Ayça Çubukçu)와 같은 사람들은 아렌트의 시민 불복종에 대한 자세한 진술을 흑인 배제로 본다. 자네 그루트휘스(Sanne Groothuis)의 요약 내용을 file:///Users/MLK/Downloads/Hannah_Arendt_Plurality_and_White_Ignora.pdf.에서 확인. 또한 프란치스카 마르틴젠(Franziska Martinsen)이 편찬한『2020년 제23회 한나 아렌트 기념일. 취약하면서도 안정을 구하는, 민주주의의 역동성. 현재 아렌트의 인종주의 논쟁에 대한 기고문 포함(Fragil-Stabil, Dynamiken der Demokratie. Die 23. Hannah Arendt Tage 2020, mit Beiträgen zur aktuellen Rassismus-Debatte bei Arendt)』(바일러스비스트 2021) 참조.

* 한나 아렌트가 랠프 월도 엘리슨에게 보낸 편지는 아렌트의 유고에 보관되어 있다. 소장처는 워싱턴 국회 도서관의 한나 아렌트의 서류, 편지, 일반 문건을 말하는「전자 문서 1963-1975(E-miscellaneous 1963-1975)」.

* 한나 아렌트의「리틀록 사건을 돌아보며(Reflections on Little Rock)」는 아이케 가이젤이 처음 독일어로 번역해 앞서 언급된 잡지『지금』의 95-118면에 재수록되었고,『현재. 정치 사고 연습 2』의 258-280면에 게재되기도 하였다.

* 인용 "우리는 오래전부터…"는 랠프 월도 엘리슨의 발설로『현재. 정치 사고 연습 2』의 123면.

* 유대인의 경험과 유대인 문제에 대한 역사적 연구에 대해 더 많은 지식은 한나 아렌트의『여섯 편의 에세이(Sechs Essays)』(하이델베르크 1948) 참조. 또 마리 루이제 크노트가 편찬한『반유대주의 앞

에서는 달에서만 안전하다. 유대계 망명인 잡지『건설』의 기고문들 1941-1945(Vor Antisemitismus ist man nur auf dem Monde sicher. Beiträge für die jüdische Emigrantenzeitschrift 『Aufbau』 1941-1945)』(뮌헨 2000) 참조. 또 마리 루이제 크노트와 다비드 헤레디아(David Heredia)가 공동 편찬한『한나 아렌트/게르숌 숄렘의 서신교환 1939-1964(Hannah Arendt/Gershom Scholem. Briefwechsel 1939-1964)』(베를린 2010) 참조. 마리 루이제 크노트와 우어줄라 루츠가 편찬한『우리 유대인(Wir Juden)』(뮌헨 2020) 참조.

* 인용 "저는 다양성을 믿고 있기에…"는 본래 랠프 월도 엘리슨의 『그림자와 행위(Shadow and act)』(뉴욕 랜덤하우스 출판사 1958). 이 대목은 1966년 문고판 23면 참조.

1. 우리 유대인

* 라헬 파른하겐의 꿈에 대해서는 한나 아렌트의『라헬 파른하겐. 낭만주의 시대 어느 독일 유대 여인의 인생(Rahel Varnhagen. Lebensgeschichte einer deutschen Jüdin aus der Romantik)』(뮌헨 1981)의 135-136면.

* 인용 "어찌 이런 수난사가 있단 말인가!"는『라헬 파른하겐. 낭만주의 시대 어느 독일 유대 여인의 인생』15면.

* 인용 "한 개인의 힘을 넘어섰다"는『우리 유대인』에 실린 한나 아렌트의 논문「프란츠 카프카(Franz Kafka)」의 150면.

* 인용 "한 민족이 300년 동안 오로지 반작용(反作用)만으로 발전할 수 있는가?"는『그림자와 행위』에 실린 랠프 엘리슨의 논문「미국의 딜레마: 성찰(An American Dilemma: A Review)」의 301면.

* 인용 "그토록 수많은 사람이 우리 흑인의 삶을 해석하면서도 실제로 우리가 얼마나 다른지 이해하려 노력하지 않는 것은 어찌 된 일인가(Why is it, that so many of those, who would tell us the meaning of Negro life never bother to learn, how varied it really is)"는 앞의 논문 301면.

* 인용 "지난 세기의 유대인 역사가들은···"은 『한나 아렌트/게르숌 숄렘의 서신교환 1939-1964』의 469면.

* 에세이 「은폐된 전통(Die verborgene Tradition)」은 한나 아렌트의 『여섯 편의 에세이』에 처음으로 실렸고, 재차 『우리 유대인』의 126-153면에 실렸다.

2. 발언권 사용

* 로버트 펜 워렌의 『누가 검둥이를 대변하는가(Who Speaks for the Negro)』(예일대학교 출판부 2014)에 실린 논문 「4. 주변부의 리더십(4. Leadership from the Periphery)」에 엘리슨의 초상화와 인터뷰가 실려 있다. 책의 부록에 지그리트 루쉬마이어(Sigrid Ruschmeier)의 번역 요약본이 있다. 녹음된 인터뷰는 밴더빌트대학교 홈페이지(https://whospeaks.library.vanderbilt.edu/)에 수집되어 있다. 최근 액세스 날짜 2021년 11월 24일.

* 인용 "의적 이방인"은 폴 조지프 코언(Paul Joseph Cohen)의 추도사(실린 곳: 「주변인의 내면성」, 『쇼파르』 8권 2호(1990년 겨울) 35-37면) 참조.

3. 겨울잠

* 한나 아렌트/하인리히 블뤼허 도서관은 허드슨강변 아난데일의 바드 칼리지 소재.

* 인용 "몇몇 동급생은 (…) 사라졌다"는 랠프 엘리슨의 『그림자와 행위』 7면.

* 랠프 엘리슨의 『보이지 않는 인간(Invisible Man)』(작가의 결어와 함께, 게오르크 고위에르트 독일어 옮김, 한스 크리스티안 외저 편집, 베를린 2019).

* 미국인의 역사에 대한 무지와 관련해서는 앞의 책 107면에도 나온다. "우리 미국인은 우리 역사에 대해 거의 모르며…"

* 인용 "존 애덤스(John Adams)가 묘사한 가난과 빈곤의 암흑"의 전문은 다음과 같다. "가난한 사람의 양심은 분명해요. 그러나 그는 부끄러워해요. 그는 타인의 시야에서 벗어나 어둠 속에서 더듬거리는 자신을 느껴요. 인류는 그에게 전혀 관심을 두지 않죠. 그는 아무 관심도 받지 못한 채 방황을 거듭해요. 군중 틈에서, 교회에서, 시장에서 그는 다락방이나 지하실만큼이나 어두운 곳에 있어요. 그는 인정을 받지 못하거나, 비난을 받거나, 비난을 받지 않으려고 해요. 그는 단지 보이지 않을 뿐이죠. (…) 완전히 무시되고 그것을 아는 것은 참을 수 없어요. 만약 섬에 있던 크루소가 알렉산드리아 도서관을 갖고 있고, 다시는 사람의 얼굴을 볼 수 없을 것이라는 확신이 있다면, 그가 과연 책을 펼쳤을까요?" 이 전문은 한나 아렌트의 『혁명론(On Revolution)』(펭귄북스 1963/1990, 69면 이하)에도 수록되었다.

* 클라우디아 랭킨(Claudia Rankine)은 『시민(Citizen)』(우다 쉬트래틀링 독일어 옮김, 스펙테이터 북스, 라이프치히 2018)에서 오늘날 일상의 인종주의에 대해 상세히 기술한다.

4. 불안

* 인용 "영국 왕실 영어에서 기원한"은 랠프 엘리슨이 1970년 4월 6일에 쓴 글 「흑인 없는 미국은 어떤 모습이었을지(What America would be like without Blacks)」에 있다. 관련 주소는 https://teachingamericanhistory.org/liebrary/document/what-america-would-be-like-without-blacks/, 최근 액세스 날짜 2021년 11월 24일. 그 밖에 아프리카계 미국인의 영어에서 감지할 수 있는 아프리카의 뿌리에 대해선 몰레피 케테 아산테(Molefi Kete Asante)의 1980년대 논문 「아프리카계 미국 영어에 있는 아프리카 요소(African Elements in African-American English)」(『미국 문화의 아프리카주의』, 조지프 E. 할러웨이 편찬, 인디애나대학출판부 1990) 참조.

* 인터뷰에서도 엘리슨은 불행을 통계나 "흑인"과 "백인"의 추상에 두는 경향이 하위 계층(subaltern)을 확고히 한다고 비판한다. 이 책의 155면 참조.

* 인용 "깜빡했어, 내 아들아…"는 랠프 엘리슨의 소설 『보이지 않는 인간』 16면.

* 인용 "내가 누구인지 알면 자유로워질 것이라는"은 소설 『보이지 않는 인간』 20면.

* 인용 "말하고 행위하면서…"는 한나 아렌트의 『인간의 조건(Vita

activa)』(뮌헨 1967) 215면.

5. 평등

* 인용 "그 사건은 나를 화나게 했고…"는 『다시 시작. 제임스 볼
드윈의 미국과 우리 자신을 위한 간절한 교훈(Begin again. James
Baldwin's America and its Urgent Lessons for Our Own)』(뉴욕
2020) 31면.

* 일화 "백인 공동체에 흑인이 있다면"은 본래 한나 아렌트의 『전체
주의의 기원(The Origins of Totalitarianism)』에 실렸다. 이 대목은
리처드 J. 번스타인(Richard J. Bernstein)의 『시대의 사상가. 한나
아렌트에 대하여』(안드레아스 비르텐존 독일어 옮김, 베를린 2020)
64면 이하.

* 평등의 범위를 정치 영역으로 제한하는 문제에 대한 부분은 아렌
트의 「리틀록 사건을 돌아보며」가 실린 잡지 『지금』의 103면.

* "노동, 주택 시장, 교육 시스템과 같은 사회적 차별"은 「리틀록에
대한 서문」(『지금』, 96면).

* 매튜 립맨(Matthew Lipman)에게 보낸 편지는 아렌트의 「리틀록
사건을 돌아보며」가 실린 잡지 『지금』의 200면.

* "편견에서 안전한 곳은…"은 한나 아렌트의 편지 「더 나아가 제안
한다(Ceterum Censeo)」(1941년 12월 26일). 이 문구는 한나 아렌트
『반유대주의 앞에서는 달에서만 안전하다(Vor Antisemitismus ist man
nur noch auf dem Monde sicher)』(뮌헨 1970) 30면에 있다.

* 교육 주제에 대해서는 한나 아렌트의 『교육 위기(Die Krise der Erziehung)』와 재발간된 『과거와 미래 사이(Zwischen Vergangenheit und Zukunft)』 266면 참조.

* 어머니의 규칙에 대해서 아렌트는 귄터 가우스(Günter Gaus)와의 인터뷰에서 말한다. 한나 아렌트의 『나는 이해하고 싶다. 나의 삶과 작품(Ich will verstehen. Selbstauskünfte zu Leben und Werk)』(우어줄라 루츠 편찬, 뮌헨 2019) 54면 이하에서 재인용.

6. 가늠할 수 없는 감정

* 잡지 『코멘터리(Commentary)』와 아렌트의 서신 교환과 관련해서는 워싱턴 국회 도서관의 한나 아렌트 서류철(Hannah Arendt Papers) 중 '서신교환'(편집자: 『코멘터리』) 참조.

* 인용 "참으로 기적 같은 가능성의 세계"는 랠프 엘리슨이 인용한 패터슨(Petterson)의 저술 『브라운 대(對) 교육위원회: 시민권 이정표와 그 문제가 있는 유산(Brown v. Board of Education: A Civil Rights Milestone and Its Troubled Legacy)』(뉴욕, 옥스퍼드대학 출판부, 2002) XIV면 참조.

* 아렌트의 판단과 선입견, 인종주의에 대한 생각은 『무엇이 정치인가?(Was ist Politik?)』 참조. "백인이든 흑인이든 모든 인종주의는 의견에 의존하지 않으며 어떤 권력도 바꿀 수 없는 자연적, 유기적 환경, 흑인 또는 백인의 피부에 항의하기 때문에 본질적으로 폭력적이다. 인종주의가 더 심각해지면, 그 주동자를 근절하는 것 외에는 아무것도 남지 않는다. 인종주의는 인종과는 달리 실제로 주어진 것이 아니라 이데올로기로 변종된 의견이며, 인종주의가 야기하는 행동은 단순한 반영이 아니라 의지의 행위이다. (…) 선입견은 이해관계나

이데올로기와 달리 다른 의견과 마찬가지로 권력의 압력에 굴복하는 경향이 있다. 완전히 비폭력적인 시민권 운동의 위대한 성공은 그에 대한 인상적인 보기이다." 한나 아렌트 『폭력의 세기』 75면 이하.

* 인용 "그렇고 그런 잡탕"은 앞의 '서신교환' 1958년 2월 1일.

* 인용 "리틀록의 충돌이 잦아들지 않았고…"에 대해서는, 1957년 9월 여론조사에서 7,561명의 시민은 통합에 찬성, 12,940명은 반대하였다.

7. 청산하지 못한 과거

* 인용 "왜냐하면 그곳은 나를 정말 참을 수 없게 만들죠"는 한나 아렌트 「리틀록 사건을 돌아보며」 96면.

* 인용 "원하는 사람과 결혼할 권리"는 한나 아렌트 「리틀록 사건을 돌아보며」 102면.

* 흑인 작가 엘드리지 클리버(Eldridge Cleaver)의 감옥 수기에는 흑인 수감자의 감방에 붙어 있는 백인 미녀 사진에 대한 묘사가 있다. 1965년 6월의 수기 '될 거야'에서 클리버는 백인 남성을 모욕하기 위한 백인 여성에 대한 강간의 강박을 서술한다. 관련해서 엘드리지 클리버 『갇힌 영혼(Soul on ice)』(카이 헤어만의 후기와 함께, 뮌헨 1970) 21면 참조.

8. 희생의 이상

* 인용 "예, 저는 (…) 생각해요"는 랠프 월도 엘리슨과의 인터뷰에서, 이 책의 165면 참조.

* 인용 "정치적으로 말한다면 (…) 모든 파리아"는 『우리 유대인』에 실린 에세이 「은폐된 전통」 137면.

9. 계몽의 변증법

* 윌리엄 던바(William Dunbar)에 대해서는 토니 모리슨(Toni Morrison)의 『자긍심. 선별한 에세이(Selbstachtung. Ausgewählte Essays)』(토마스 필츠, 니콜라우스 슈팅을, 크리스티아네 부크너, 디륵 판 군스테렌, 크리스티네 리히터-닐손의 독일어 번역, 라인 벡 바이 함부르크 2020) 237-239면 참조. 버나드 베일린(Bernard Bailyn)의 던바에 대한 초상은 베일린이 저술한 『서쪽으로 가는 항해자: 혁명 전야에 미국인들의 여정(Voyagers to the West: A Passage in die Peopling of America on the Eve of the Revolution)』 (뉴욕 크놉 출판사, 1986) 참조.

10. 만남

* "미국예술문학아카데미 입회 축하연"에 대한 증거물은 랠프 엘리슨의 유고 서류철 박스 I:170의 「LOC 엘리슨, I.Apr., 미국예술문학아카데미(LOC Ellison, I.Apr., National Institute of Arts and Letters)」(뉴욕 1964)에 있다. 축하연은 1964년 4월 1일에 개최되었다.

* 인용 "저는 미국어를 맛깔스럽게 사용하고…"는 랠프 엘리슨의 『그림자와 행위』 266면.

11. 공화국

* 인용 "비록 아렌트의 폴리스에서는…"은 한나 아렌트 『무엇이 정치인가? 유고에서 나온 단편(Was ist Politik? Fragmente aus dem

Nachlass)』(우어줄라 루츠, 쿠어트 존트하이머의 머리말, 뮌헨 2003) 96면 참조.

* 제임스 볼드윈의 「내 마음 한 귀퉁이에서 온 편지(Letter from a Region in my mind)」는 그가 쓴 『불길의 밀물이 끝나면』(미리얌 만델코프 독일어 번역, 라인벡 2020) 참조. 그 편지는 1962년 12월 9일 『더 뉴요커』에 처음 게재되었다. 인용한 대목은 독일어판 67면 이하.

* 한나 아렌트가 윌리엄 숀(William Shawn)에게 보낸 편지는 https://twitter.com/samantharhill/status/1289963212163735552?ang=en, 최근 액세스 날짜 2021년 11월 24일. 내게 이 사실을 알려준 프리야 바질에게 감사의 말을 전한다.

* 한나 아렌트가 제임스 볼드윈에게 보낸 편지는 1962년 11월 21일 자. 한나 아렌트의 서류철 LOC의 '서신교환', 『Bac-barrm 문서, 1955-1975(Bac-barrm miscellaneous, 1955-1975)』 참조.

* 인용 "모든 인간의 다름도 받아들여야 한다"는 랠프 엘리슨의 『그림자와 행위』 125-126면.

* 인용 "갈등의 원인"은 『그림자와 행위』 127면.

12. 종신형

* 1960년 1월 3일 게르트루드 야스퍼스에게 보낸 한나 아렌트의 편지(실린 곳: 『한나 아렌트, 칼 야스퍼스, 서신교환, 1926-1969(Hannah Arendt, Karl Jaspers, Briefwechsel, 1926-1969)』, 로테 쾰러와 한스 자너 편찬, 뮌헨 1985, 422면).

13. 투표권을 갖는다는 것

* 『전체주의의 기원』원전 제1판의 마지막 구절은 다음과 같다. "인류와 인류 역사에서 추방되어 인간적 조건을 박탈당한 사람들에게 『인류의 지속적인 연대기』에서 그들이 정당한 자리를 차지할 수 있도록 보장해 주는 만인의 연대가 필요하기 때문입니다."

* 윌리엄 포크너의 『인류의 지속적인 연대기』에 대해서 크노트의 논문 「고통받는 자들의 자부심. 한나 아렌트가 윌리엄 포크너를 읽다(Über den Stolz der Leidenden. Hannah Arendt liest William Faulkner)」, 「현재의 범위와 무와의 싸움. 한나 아렌트의 초기 저술에 대한 시도(Der Span des Gegenwärtigen und sein Kampf mit dem Nichts. Versuch über ein frühes Notizheft von Hannah Arendt)」참조(『공책. 문학 잡지』, 노베르트 베어 편찬, 84권, 2015년, 187-192면).

* 요아힘 프린츠(Joachim Prinz)의 연설 「나는 미국 유대인으로 여러분에게 고합니다(I speak to you as an American Jew)」의 서두는 다음과 같이 시작한다. "미국인으로 우리는 미국인의 위대한 이념을 조롱하는 불평등과 불의의 수치 및 불명예에 대해 수백만 명 사람들의 깊은 우려를 공유합니다." http://www.joachimprinz.com/civilrights.com, 최근 액세스 날짜 2021년 11월 24일.

* 랍비인 아브라함 조슈아 헤셸(Abraham Joshua Heschel)의 『자유의 불안. 인간 존재에 대한 에세이(The Insecurity of Freedom. Essays on Human Existence)』(뉴욕 1966) 85면 참조.

* 애티나 그로스먼(Atina Grossman)의 「전쟁과 홀로코스트의 그림자. 유대인, 독일 유대인 그리고 미국의 60년대, 기억과 성찰

(Shadows of War and Holocaust: Jews, German Jews, and the Sixties in the United States, Memories and Reflections)」(『현대 유대 역사 저널』, 13권 1호, 2014년 3월, 1-16면). 수정문이 https://www.tabletmag.com/jewish-news-and-politics/184393/holocaust-sixt에 실렸다. 최근 액세스 날짜 2021년 11월 24일.

* 유행가 〈파멸의 전야(Eve of destruction)〉의 구절. "동방세계는 폭발 중이야 (…) 붉은 중국의 온갖 증오를 생각해 봐! 그리고 앨라배마주의 셀마를 둘러보렴! (…) 너는 죽일 수 있는 나이지만 투표는 못 해."

14. 가능성

* 인용 "토니 모리슨은, 흑인이라는 사실은…"은 토니 모리슨의 『자긍심. 선별한 에세이』, 175면.

* 인용 "백인의 도덕성 기질"은 토니 모리슨의 기고문 「흑인의 경험. 천천히 걷는 나무들(할머니가 말씀하시듯), 절망적인(할아버지가 말씀하시듯)(The Black Experience. A Slow Walk of Trees(as Grandmother Would Say), Hopeless(as Grandfather Would Say)」(『뉴욕 타임스』, 1976년 7월 4일, https://www.nytimes.com/1976/07/04/archives/the-black-experience-a-slow-walk-of-trees-as-grandmother-would-say.html) "부모님은 백인이 발전할 수 있는지에 대해 문제를 제기했어요. 그들은 흑인이 지구의 인간이라고 생각하면서 백인 인류의 자질과 존재에 대해 심각한 의구심을 품었죠."

* 인용 "이 땅에 검둥이로 존재하면서…"는 1961년 제임스 볼드윈과의 인터뷰. https://www.npr.org/2020/06/01/867153918/-to-

be-in-a-rage-almost-all-the-time, 최근 액세스 날짜 2021년 11월 24일.

* 인용 "우리는 자유로워야 해요"는 제임스 볼드윈의 「그 일에 어떻게 쿨할 수 있을지(How to Cool it)」 https://www.esquire.com/news-politics/a23960/james-baldwin-cool-it/

15. 경험

* W. E. B. 듀 보이스에 대해서는 한나 아렌트의 도서관에 소장된 『흑인의 재건. 1860년부터 1880년까지 미국 민주주의 재건 시도에서 흑인들이 수행한 역할의 역사에 대한 에세이(Black Reconstruction. An Essay Toward a History of the Part which Black Folk played in the Attempt to Reconstruct Democracy in America, 1860–1880)』(뉴욕 1935) 참조.

* 인용 "나는 미국이라는 세상의 울타리…"는 듀 보이스의 글 「흑인 자유를 위한 나의 진화 프로그램(My Evolving Programm for Negro Programm)」. 여기에선 https://www.dhm.de/archiv/ausstellungen/namibia/stadtsspaziergang/hu.htm 재인용. 최근 액세스 날짜 2021년 11월 24일.

* 파리 만국박람회에 대한 기고문은 워싱턴 국회 도서관의 홈페이지 참조. 첫 기고문은 제프 브릿저스(Jeff Bridgers)의 「만국박람회(Exposition Universelle)」(2014년 2월 28일, https://blogs.loc.gov/inside_adams/2015/02/du-bois-in-paris-exposition-universelle-1900), 두 번째 기고문은 엘렌 터렐(Ellen Terrell)의 「파리의 듀 보이스 – 만국박람회(Du Bois in Paris-Exposition Universelle)」(2015년 2월 24일 https://credo.library.umass.edu/

view/full/mums312-b137-i103, 최근 액세스 날짜 2021년 11월 24일).

* 1952년 2월 13일『유대인의 삶』의 편집자 루이스 하랍(Louis Harap)이 듀 보이스에게 보낸 편지는 매사추세츠대학교 애머스트의 듀 보이스 서류철에 있다. http://credo.library.umass.edu/view/full/mums312-b137-i103, 최근 액세스 날짜 2021년 11월 24일.

* 듀 보이스의 글「검둥이와 바르샤바 게토(The Negro and the Warshaw Ghetto」(『유대인의 삶』6권 7호, 1952년 5월, I, 14-15면).

* "주관적 판단을 위해…"는 한나 아렌트의『과거와 미래 사이』298-330면 참조.

* "우리를 찾아온 상상력이…"는 한나 아렌트『판단, 칸트의 정치 철학에 대한 텍스트(Das Urteilen, Texte zu Kants politischer Philosophie)』(한스 자너 편찬, 뮌헨 1986) 61면 참조.

* 1965년 한나 아렌트의 대학 강좌에 대해서는 그의 글「20세기 정치적 경험. 1955년과 1968년 세미나 기록물(Politische Erfahrung im 20. Jahrhundert. Seminarnotizen 1955 und 1968)」(『시인처럼 생각하기. 한나 아렌트와 예술(Dichterisch Denken. Hannah Arendt und die Künste)』, 괴팅엔 2007, 213-226면 참조).

* 인용 "…그 방법에 관심을 두었다"는 볼프강 호이어와 이어멜라 폰 데어 뤼에 편찬『시인처럼 생각하기. 한나 아렌트와 예술』221면.

16. 각각의 정체성

* 인용 "그래서 미국의 선량한 백인 자유주의자는…"은 한나 아렌트 『현재. 정치 사고 연습 2』, 65면 이하).

* 인용 "이제, 모두가 유죄인 곳에서 유죄인 사람은 없다…"는 한나 아렌트 『독재에서 개인의 책임(Persönliche Verantwortung in der Diktatur)』(마리 루이제 크노트의 편찬과 에세이 포함, 뮌헨 2019).

* 아렌트가 말하는 "약속"은 아렌트 『과거와 미래 사이』, 151면 참조.

* 랠프 엘리슨의 인종주의에 대한 생각은 1970년 4월 6일 「흑인 없는 미국은 어떤 모습이었을지」 https://teachingamericanhistory. org/library/document/what-america-would-be-like-without-blacks, 최근 액세스 날짜 2021년 11월 24일.

* "정글"에 대한 이미지는 토니 모리슨의 인용문 참조. "백인들은 그들의 태도가 어떠하든 모든 검은 피부 아래에는 정글이 숨어 있다고 믿었다. 항해할 수 없는 거친 바다, 앞뒤로 흔들리며 비명을 지르는 고릴라, 잠자는 뱀, 붉은 주둥이는 달콤한 하얀 피를 갈망한다. 어떤 면에서 그는 그들이 옳다고 생각했다. 유색인종들이 백인에게 자신들이 얼마나 온화하고, 얼마나 똑똑하고, 사랑이 많고, 얼마나 인도적인지 확신시키려고 에너지를 더 많이 낭비할수록, 백인에게 반박할 수 없는 사실을 설득시키려는 노력이 지칠수록, 정글 안은 더욱 깊어진다. 그러나 그것은 흑인이 다른 (살기 좋은) 대륙에서 가져온 정글이 아니라 백인이 흑인에게 심어놓은 정글이었다."(『빌러비드』, 140면).

* 학생비폭력조정위원회(SNCC)의 「블랙 파워의 기초」에 대한 입

장문은 다음 주소에 있다. http://www2.iath.virginia.edu/sixties/ HTML_docs/Resources/Primary/Manifestos/SNCC_black_power. html, 최근 액세스 날짜 2021년 11월 24일.

* 인용 "흑인을 지도자"는 『신뢰. 1949년에서 1975년까지 서신교환 (Im Vertrauen. Briefwechsel 1949-1975)』(캐롤 브라이트먼 서두와 편찬, 우어줄라 루츠와 한스 몰의 독일어 번역, 뮌헨 1995), 94면 참조.

* 인용 "일반적인 시민권에 대한 열광"은 한나 아렌트와 아달베르트 라이프의 인터뷰 참조. 이 대목은 아렌트가 메리 맥카시(Mary McCarthy)에게 보낸 편지 구절에 상세하게 나와 있다(『신뢰. 1949년에서 1975년까지 서신교환』, 369면).

17. 사과

* 인용 "차가운 무심함"은 이성의 특징이 아니다. "견딜 수 없는 고통에 직면해도 객관성과 평정심을 보이는 것은 실제로 '두려움을 불러일으키는' 일이 될 수 있다. 특히 그것이 자제력의 표현이 아니라 오히려 명백한 무심함의 선언일 때 더욱 그렇다"는 한나 아렌트의 『폭력의 세기』 65면 참조.

* 인용문 "시민 불복종…"은 한나 아렌트의 논문 「시민 불복종 (Ziviler Ungehorsam)」(『지금』, 베를린 1986) 136면 참조.

* 인용 "법이 아니라…"는 「시민 불복종」(『지금』, 베를린 1986) 136면 참조.

* 스탠리 엘킨스 『노예제도. 미국 제도와 지적 생활의 문제(Slavery. A Problem in American Institutional and Intellectual Life)』, 제2판,

시카고대학출판부, 1968. 엘킨스의 북아메리카와 남아메리카 노예 제도 비교에 대한 개요는 그가 쓴 논문「문화 접촉과 검둥이 노예제 도(Culture Contacts and Negro Slavery)」(『미국 철학 사회의 절차 (Proceedings of the American Philosophical Society)』 107권 2호, 1963년 4월 15일, 107-109면).

* 인용 "오로지 명시적으로 미국의 흑인 인구를 겨냥한…"과 같이 흑인의 평등을 위한 헌법 개정의 기회를 놓친 문제에 대해『지금』, 150면 참조.

* 인용 "제도가 거부되는 곳에서 인간이 역할을 해야 한다"는 한나 아렌트의 논문「시민 불복종」,『지금』, 150면.

* 마지막 문장 "정치는 사과가 아니라 자유에서 의미를 찾기 때문이 다"는 한나 아렌트의 저서『무엇이 정치인가? 유고에서 나온 단편』 23면 참조.

많은 조언과 깊은 대화와 비평적인 논평을 해주신 애티나 그로스먼, 엘렌 힌지(Ellen Hinsey), 캐롤라인 제센(Caroline Jessen), 실리 쿠겔만(Cilly Kugelmann), 폴 멘데스-플로어(Paul Mendes-Flohr), 크리스티안 라이히(Christian Reich), 지그리트 루쉬마이어, 사샤 마리아나 잘츠만(Sasha Marianna Salzmann), 울랴나 볼프(Uljana Wolf)에게 감사의 뜻을 전합니다.

뉴욕 거리의 한나 아렌트와 랠프 엘리슨
차별에 관한 17가지 사유의 실마리

초판 1쇄 발행 2025년 1월 20일

지은이 마리 루이제 크노트
옮긴이 서요성
펴낸이 강수걸
편집 이혜정 이선화 강나래 이소영 오해은
디자인 권문경 조은비
펴낸곳 산지니
등록 2005년 2월 7일 제333-3370000251002005000001호
주소 부산시 해운대구 수영강변대로 140 BCC 626호
전화 051-504-7070 | 팩스 051-507-7543
홈페이지 www.sanzinibook.com
전자우편 sanzini@sanzinibook.com
블로그 http://sanzinibook.tistory.com

ISBN 979-11-6861-413-0 03300